A RELIGIÃO DISTRAI OS POBRES?

A RELIGIÃO DISTRAI OS POBRES?

O VOTO ECONÔMICO DE JOELHOS
PARA A MORAL E OS BONS CONSTUMES

2022

Victor Araújo

70

A RELIGIÃO DISTRAI OS POBRES?
O VOTO ECONÔMICO DE JOELHOS PARA A MORAL E OS BONS COSTUMES
© Almedina, 2022
AUTOR: Victor Araújo

DIRETOR DA ALMEDINA BRASIL: Rodrigo Mentz
EDITOR DE CIÊNCIAS SOCIAIS E HUMANAS E LITERATURA: Marco Pace
ASSISTENTES EDITORIAIS: Isabela Leite e Larissa Nogueira
ESTAGIÁRIA DE PRODUÇÃO: Laura Roberti

REVISÃO: Marco Rigobelli
DIAGRAMAÇÃO: Almedina
DESIGN DE CAPA: Roberta Bassanetto

IMAGENS DE CAPA: Foto de Malik Skydsgaard (https://unsplash.com/photos/jY9rX-E7ztU)
Bandeira do Brasil: Foto de JoeBamz (https://pixabay.com/pt/photos/brasil-bandeira-brasil-bandeiras-3001462/)
Foto de Jaefrench (https://pixabay.com/pt/photos/b%C3%ADblia-adora%C3%A7%C3%A3o-crist%C3%A3o-religioso-1948778/)
Foto de Rafael Henrique (https://www.freepik.com/premium-photo/voter-license-titulo-eleitoral-photo-election-vote-card-voter-id_17782667.htm)

ISBN: 9788562938573
Maio, 2022

Dados Internacionais de Catalogação na Publicação (CIP)
(Câmara Brasileira do Livro, SP, Brasil)

Araújo, Victor
A religião distrai os pobres? : o voto econômico
de joelhos para a moral e os bons costumes / Victor
Araújo. -- São Paulo : Edições 70, 2022.

ISBN 978-85-62938-57-3

1. Conservadorismo 2. Democracia 3. Eleições
presidenciais - Brasil 4. Eleitores - Brasil
5. Evangélicos - Teologia 6. Religião - Aspectos
políticos 7. Religião e política I. Título.

22-104564   CDD-306.6

Índices para catálogo sistemático:

1. Religião e política : Sociologia 306.6

Maria Alice Ferreira - Bibliotecária - CRB-8/7964

Este livro segue as regras do novo Acordo Ortográfico da Língua Portuguesa (1990).

Todos os direitos reservados. Nenhuma parte deste livro, protegido por copyright, pode ser reproduzida, armazenada ou transmitida de alguma forma ou por algum meio, seja eletrônico ou mecânico, inclusive fotocópia, gravação ou qualquer sistema de armazenagem de informações, sem a permissão expressa e por escrito da editora.

EDITORA: Almedina Brasil
Rua José Maria Lisboa, 860, Conj.131 e 132, Jardim Paulista | 01423-001 São Paulo | Brasil
www.almedina.com.br

Para

Vitório, meu Pai.

NOTA DO AUTOR

Este livro é resultado do esforço para traduzir um trabalho originalmente escrito em uma linguagem técnica e acadêmica para um público mais geral interessado na discussão sobre religião e política no Brasil.

Quando terminei de escrever a minha tese de doutorado, defendida no Departamento de Ciência Política da Universidade de São Paulo (USP) no segundo semestre de 2019, eu já imaginava que a discussão sobre religião teria centralidade cada vez maior no debate público brasileiro. Mas confesso que me surpreendi com toda a repercussão causada pelos resultados que encontrei na minha pesquisa. Além do prêmio CAPES (concedido pelo Ministério da Educação) de melhor tese defendida nas áreas de Relações Internacionais e Ciência Política em 2019, meu trabalho foi agraciado com uma menção honrosa no prêmio de teses da Associação Nacional de Pós-Graduação e Pesquisa em Ciências Sociais (ANPOCS) realizado em 2020. Inúmeras entrevistas e reportagens em vários dos principais jornais do Brasil me fizeram aceitar o desafio de converter os achados de uma pesquisa acadêmica em resultados e conclusões ao alcance de não especialistas interessados em debater os desafios e dilemas atuais enfrentados pela sociedade brasileira.

Aqueles que tiveram a oportunidade de ler a versão original encontrarão um texto completamente remodelado. Tabelas carregadas com números e testes estatísticos foram substituídas por algumas poucas figuras mais simples e diretas. Equações e notações matemáticas foram retiradas para tornar o texto mais simples. Além disso, todos os capítulos foram completamente reescritos com uma linguagem clara e didática. Sempre que possível, jargões e "tecnicalidades" foram substituídos por construções simples de mais fácil compreensão. Neste processo, apenas algumas citações foram deixadas no corpo do texto (mas todas as referências utilizadas na pesquisa podem ser encontradas no final do livro) para tornar a leitura mais prazerosa e o mais distante possível do tradicional modelo de escrita acadêmica. Aos meus colegas de ofício que se sentirem injustiçados com eventuais omissões no texto, antecipo minhas sinceras desculpas, mas reitero o objetivo de fazer deste livro uma obra acessível.

A tarefa de traduzir uma tese acadêmica em um livro de divulgação científica foi árdua e não teria sido possível sem a ajuda inestimável de Amanda Péchy e os comentários e sugestões de Malu A.C. Gatto. Por fim, mas não menos importante, cabe registrar a confiança, motivação e profissionalismo de Marco Pace, editor deste livro, sem o qual este projeto não teria sido levado a cabo.

APRESENTAÇÃO

A primeira vez que presenciei um ato de campanha foi na igreja evangélica que costumava frequentar com a minha família quando criança. O ano era 2000, eu tinha apenas nove anos, mas me lembro como se fosse hoje. Que eu me recorde, isso era algo inédito na nossa igreja, uma congregação batista não reformada – como são conhecidas as igrejas batistas tradicionais que rejeitam as manifestações e dons do espírito santo*, muito comuns nos cultos e igrejas pentecostais.

Os minutos daquele culto de domingo à noite gastos na promoção do candidato a prefeito quase custaram o cargo do pastor responsável por cuidar de um "pequeno rebanho" de cerca de cem "ovelhas". Nas inúmeras reuniões e assembleias que se seguiram à aquele evento, velhos argumentos propagados entre os protestantes históricos foram evocados pelos membros da congregação: "Política não deveria entrar na igreja"; "O altar de Deus não é palanque eleitoral"; "A casa do

---

* Sessões de cura e milagres e o ato de falar em línguas estranhas em público.

altíssimo não esta à venda". "Será que Jesus, nosso salvador, concordaria com isso"?

Algum tempo depois, nos mudamos para uma outra igreja evangélica. Tratava-se de uma denominação reformada que tinha uma mulher como pastora, algo simplesmente inaceitável pela convenção batista brasileira naquela época. O processo de transição de uma congregação batista tradicional para uma igreja de orientação pentecostal foi custoso para a minha mãe que havia sido socializada em um ambiente mais formal e litúrgico, mas foi rapidamente assimilado por mim, naquele momento um pré-adolescente com as ideias em formação e mais aberto à novidades. A versão da bíblia lida nos cultos e recomendada para os fiéis utilizava um português mais simples e atual. As pregações se valiam de uma linguagem mais direta e traziam mensagens com forte apelo emocional. Os instrumentos melhores e mais modernos utilizados pelos músicos naquele novo contexto contrastavam com a simplicidade da voz e violão do "irmão" Ademir, responsável pelo "momento de louvor e adoração" na antiga igreja.

Tudo na nova igreja parecia mais próximo do século XXI, inclusive a disposição de suas lideranças para participar da política partidária. No período entre eleições, era comum contar com a ajuda de vereadores para financiar projetos e ações da congregação voltadas ao atendimento de pessoas em situação de vunerabilidade e famílias carentes. Durante a campanha eleitoral, alguns candidatos eram apresentados como enviados de Deus para governar o município (geralmente "Irmãos em Cristo" da própria igreja), enquanto outros eram difamados e associados à forças malignas.

Nas eleições de 2004, o apoio incondicional a um dos candidatos que concorriam ao cargo de prefeito rendeu à pastora daquela igreja o cargo de Secretária Municipal de Saúde.

A nomeação de sua principal liderança para um dos cargos mais importantes da admnistração local foi interpretada pelos membros daquela comunidade cristã como um sinal do cumprimento de uma profecia. Naquele contexto, participar da política e ocupar posições chave na sociedade significava uma oportunidade para difundir o "Reino de Deus". Na prática, o arranjo político se tranformou em oportunidade de emprego na máquina pública para vários dos membros daquela igreja.

As contradições, conflitos e decepções vivenciados naquele lugar me afastaram do meio evangélico de forma definitiva no inicio da vida adulta. Nos anos que se seguiram, me esforcei o quanto pude para me distanciar de qualquer coisa que remetesse ao meu passado evangélico. Mas tudo mudou com a eleição de Jair Bolsonaro em Outubro de 2018.

A vitória do candidato de extrema direita escancarou o intenso processo de mobilização eleitoral promovido nos templos evangélicos, levando muitos a acreditar na ideia de que os evangélicos são todos iguais. "Evangélicos foram decisivos para a vitória de Bolsonaro"; "A vitória de Bolsonaro veio do povo de Deus"; "Evangélicos optaram pelo candidato da família no segundo turno". Manchetes de jornal como estas, de caráter generalizante, fazem sentido apenas para aqueles que nunca vivenciaram in loco a realidade dos cultos evangélicos e, por isso, desconhecem o caráter diverso e multifacetado desse universo.

Parafraseando Nelson Rodrigues, "toda unanimidade é burra", e o desejo de escrever esse livro nasceu da vontade de confrontar as generalizações acerca do voto evangélico. O leitor encontrará nas próximas páginas uma extensa e detalhada análise do comportamento eleitoral de católicos, protestantes históricos e evangélicos pentecostais. Mais do que isso, obterá respostas para uma pergunta crucial na atualidade: Por que as duas principais correntes do evangelicalismo no Brasil pensam e votam de forma tão diferente?

Victor Araújo, PhD
Zurique, Março de 2022.

PREFÁCIO

A democracia sempre pareceu a seus críticos bem mais perigosa do que de fato é. Em sociedades desiguais, temiam os receosos do impacto da universalização do sufrágio, os mais pobres votarão para melhorar seu nível de bem-estar expropriando os mais ricos. Suas preferências terão prioridade sobre as dos proprietários de riqueza, pois eleições são ganhas com base na vontade da maioria. Por este mecanismo, o voto pavimentaria um pacífico caminho rumo à destruição da ordem econômica e social capitalista. O fato, contudo, é que este temor se revelou infundado. Até mesmo nos países escandinavos, em que a esquerda foi mais bem sucedida em permanecer no governo por longo tempo, a adoção de políticas redistributivas andou par e passo com a preservação da acumulação.

Em raras ocasiões, a esquerda obteve o voto da maioria dos eleitores, mesmo nas democracias longevas, nas quais os eleitores foram sistematicamente mobilizados para praticar o voto econômico. Nem mesmo na América Latina, com seus escandalosos e visíveis níveis de pobreza, a democracia produziu sistemáticas e esmagadoras vitórias eleitorais da esquerda.

Neste livro, Victor Araújo desvenda um dos importantes mecanismos que produzem este resultado. Contrariando as piores expectativas dos críticos da democracia, um número expressivo de pobres não vota em partidos que advogam propostas redistributivas. As bandeiras emancipadoras da esquerda incluem pautas que insultam seus valores morais. Não aceitam que a mulher deva ter autonomia sobre seu próprio corpo nem independência em relação à família. Tampouco toleram a homossexualidade. Em seu ordenamento de preferências, a rejeição das pautas morais da esquerda antecede a dimensão econômica do bem-estar. Estes eleitores sequer premiam com seu voto os governos que produzem políticas que os tiram da extrema pobreza. O comportamento não é irracional. Apenas é movido por outra racionalidade, que não primordialmente econômica.

Não é verdade que a religião é o ópio do povo, nos mostra com abundância de evidências este brilhante livro. Eleitores pobres não são entorpecidos por meio de sua frequência às igrejas, em estado de permanente alienação política. Em vez disto, a religião pode ser uma força mobilizadora, que permite antecipar provável comportamento eleitoral – o voto – com base no conhecimento das atitudes dos eleitores – a filiação a um segmento religioso. Embora a escolha por uma religião específica possa ser explicada por distintas razões, a frequência à igreja e a orientação dos líderes tem efeito sobre as crenças políticas de seus fiéis e, por extensão, sobre seu voto. A conversão religiosa é também um processo de socialização política. O impacto político deste mecanismo é tanto maior quanto maior a presença numérica do segmento religioso mobilizador na população.

Estes fenômenos não estão circunscritos ao Brasil. A tese de doutorado de Victor, que recebeu dois prêmios em concursos

A RELIGIÃO DISTRAI OS POBRES?

científicos nacionais, demonstra mecanismo similar no Chile. Estudos comparados já haviam demonstrado o uso politicamente conservador da adesão às igrejas. Entretanto, no Brasil, a mobilização religiosa contra pautas emancipadoras tem nome, endereço e data de nascimento: eleitores pobres e pentecostais, que vivem nas periferias urbanas abaixo do paralelo 20. Estes apresentam menor propensão a votar no Partido dos trabalhadores (PT) do que as demais filiações religiosas, mesmo quando são beneficiários do Programa Bolsa Família. Sua rejeição ao PT coincide com a entrada deste partido como força competitiva nas eleições presidenciais.

De leitura extremamente agradável e com sólidas e sistemáticas evidências empíricas, este livro é uma contribuição relevante para entendermos como eleitores formam suas preferências e escolhas eleitorais. Embora sua contribuição teórica não esteja restrita ao caso brasileiro, certamente, nos ajudará a melhor interpretar as estratégias e os resultados de nossas eleições.

Marta Arretche
Professora Titular do Departamento de Ciência Política
da Universidade de São Paulo (USP) e pesquisadora
do Centro de Estudos da Metrópole.

SUMÁRIO

NOTA DO AUTOR 9

APRESENTAÇÃO 11

PREFÁCIO 15

PRÓLOGO 21

INTRODUÇÃO 27

1. O FENÔMENO PENTECOSTAL NO BRASIL 41

2. O MORALISMO COMO ESTRATÉGIA DE PERSUASÃO 53

3. PERCEPÇÃO DA ECONOMIA VERSUS
   CONSERVADORISMO MORAL: O QUE IMPORTA
   MAIS NA HORA DE VOTAR? 65

4. AFINAL, COMO A RELIGIÃO AFETA O VOTO
   NO BRASIL? 77

5. CONCLUSÃO 89

REFERÊNCIAS 97

PRÓLOGO

A sociedade brasileira está no meio de uma das maiores mudanças que já experimentou: a transição de um país majoritariamente católico para um país que, muito em breve, será "terrivelmente evangélico". Ainda é cedo para saber o que esperar desse novo Brasil que se avizinha, mas já está claro que o modo de fazer política certamente será outro. O campo gravitacional da política se deslocou para um novo eixo no qual os evangélicos deixaram de ser meros coadjuvantes.

Partidos e candidatos perceberam que não podem prescindir do apoio desse segmento religioso. *"Com gestos concretos e mudanças no discurso, presidenciáveis tentam se aproximar de evangélicos"*. Com esse título, a matéria publicada no jornal *O Globo*, em 5 de dezembro de 2021, destacava a movimentação de bastidores para construir alianças e conquistar o "voto evangélico". De Lula a Moro, passando por Ciro e Dória, todos parecem ter entendido a centralidade do eleitorado evangélico no pleito marcado para outubro de 2022.

Este cenário contrasta com aquele observado há apenas quatro anos, quando a eleição de Jair Bolsonaro em 2018 pegou muitos de surpresa. O dia seguinte à eleição do capitão do exército foi marcado por manchetes de jornal destacando a importância do voto evangélico para o resultado das eleições. A perplexidade de muitos com o que ocorreu naquele pleito não condiz com os resultados observados nos anteriores: a porção majoritária desse mesmo segmento religioso já tinha um histórico de apoio a candidatos de centro e centro-direita como Aécio Neves, José Serra, Geraldo Alckmin, Fernando Henrique Cardoso e Fernando Collor.

Em alguma medida, as sucessivas vitórias do PT entre 2002 e 2014 mascararam o fato de a esquerda ter sempre enfrentado forte resistência no campo evangélico, sobretudo entre os frequentadores das igrejas pentecostais. Ou seja, a novidade em 2018 não foi a forte rejeição do eleitorado evangélico ao PT, mas o peso desse grupo nas urnas. Com mais de 30% da população brasileira frequentando templos evangélicos (de acordo com a estimativa divulgada pelo instituto Datafolha em 2020) e a expectativa de que esse grupo continue a crescer nas próximas décadas será cada vez mais desafiador para a esquerda chegar ao Palácio do Planalto.

É importante destacar, contudo, que não dá para falar de voto evangélico, no singular. Mas, sim, de votos evangélicos, no plural. As diferentes vertentes desse grupo não comungam dos mesmos valores e não se comportam da mesma forma. Diferentemente de seus pares protestantes históricos, os frequentadores das igrejas pentecostais são alérgicos às candidaturas de esquerda. A lógica puramente econômica do voto sugere que esses eleitores seriam irracionais e votariam contra os interesses do seu próprio grupo. O processo de escolha desses eleitores, no entanto, também segue critérios lógicos, ainda que calcados em outras bases.

Nem todos os eleitores se pautam pela condição econômica do País na hora de votar. E não é possível entender o voto de uma parcela importante da população brasileira se esse fato for ignorado. Na vida real, a "cabeça do eleitor" é mais nuançada do que as simplificações frequentemente admitidas — às vezes por necessidade, outras vezes pelo medo de explorar caminhos alternativos — para explicar o comportamento humano.

Se os evangélicos são diferentes e nem todos rejeitam os partidos de esquerda, porque, então, os políticos desse espectro político-partidário deveriam se preocupar com o modo como os pentecostais votam? Atualmente, 60% da população evangélica brasileira é pentecostal. Além disso, enquanto protestantes históricos não registram crescimento significativo desde o censo populacional de 2010, pentecostais e neopentecostais seguem em crescimento exponencial e acelerado. O Brasil de 2030 não será de maioria evangélica apenas, mas um país dominado pelo pentecostalismo.

Só que os números não dizem tudo. É preciso caracterizar os evangélicos pentecostais e lembrar que se trata de um grupo majoritariamente feminino, composto por não brancos, pobres, com escolaridade baixa e que moram nas periferias dos grandes centros urbanos. Esmiuçar o perfil dos frequentadores dos templos pentecostais e entender quem é esse evangélico que vota contra candidatos com propostas redistributivas ajuda a compreender alguns acontecimentos recentes.

Como foi possível um candidato como Jair Bolsonaro, com falas e propostas contrárias aos direitos humanos e das mulheres, sagrar-se vitorioso nas eleições presidenciais? Parte da resposta passa pela mobilização eleitoral ocorrida nos templos evangélicos pentecostais. Esses espaços, desproporcionalmente frequentados por mulheres, foram bastiões de defesa do capitão reformado, visto pelos integrantes desse grupo como um defensor dos valores da família, da moral e dos bons costumes — por mais paradoxal que isso possa parecer.

E como explicar a derrocada da esquerda nas periferias brasileiras? Em grande medida, isso passa pelo crescimento vertiginoso das igrejas pentecostais nas favelas, comunidades e aglomerados espalhados pelo país. Nos lugares onde a presença do Estado ainda não pode ser sentida, os templos pentecostais lá estão. E é nos templos — por vezes, apenas lá — que muitos brasileiros encontram o mínimo necessário para sobreviver que lhes é diariamente sonegado pelo Estado.

Por fim, o comportamento eleitoral dos pentecostais permite especular sobre os cenários que se desenham no jogo eleitoral. Passados três anos de um governo impopular e errático, o Presidente Jair Bolsonaro dificilmente ficará fora do segundo turno das eleições marcadas para outubro de 2022. Mesmo deixando como legado mais de meio milhão de vítimas da COVID-19, uma inflação de dois dígitos, baixo crescimento econômico e uma elevada taxa de desemprego, em março de 2022, cerca de 30% dos brasileiros ainda estariam dispostos a votar no candidato de extrema direita se o primeiro turno da disputa presidencial fosse realizado no dia seguinte, segundo pesquisa do PoderData. A esmagadora maioria das lideranças pentecostais e seus seguidores fazem parte dessa nada desprezível massa de brasileiros inclinada a reeleger Bolsonaro.

A recente nomeação do pastor evangélico André Mendonça para o cargo de Ministro do Supremo Tribunal Federal (STF) é ilustrativa do espaço na esfera pública alcançado pelos evangélicos. Para muitos desse segmento religioso, a nomeação de Mendonça foi o primeiro passo da promessa revelada de que "O Brasil será do Senhor Jesus". A julgar pelo crescimento do grupo nas últimas décadas, esse primeiro passo não será o último. Se o Brasil será mais justo sob a égide dos evangélicos é difícil de se prever, mas provavelmente não, como demonstra

A RELIGIÃO DISTRAI OS POBRES?

o recente escândalo envolvendo lideranças da Assembleia de Deus que usavam de sua influência no Ministério da Educação (MEC) para extorquir prefeitos em troca de verbas públicas. O país que já podemos ver no retrovisor deverá, sim, ser menos laico e, como asseverou o próprio Ministro, mais próximo do "Reino de Deus".

INTRODUÇÃO

A onda de redemocratização que atingiu a América Latina a partir dos anos 1970 se quebrou não com um estrondo, mas um sopro de esperança. Após décadas de incerteza em meio a regimes ditatoriais, espalhou-se a expectativa de mudanças de ordem econômica e social. Com a desigualdade em alta, acreditava-se que a adoção de eleições limpas e justas, assim como a extensão do sufrágio universal, produziriam pressão por redistribuição de renda. Afinal, a equação é simples: de um lado, a maioria do eleitorado é de baixa renda, e do outro, a democracia faz com que os políticos dependam do apoio da maioria para vencer eleições. Parecia que a redução da desigualdade seria uma consequência natural do aumento da competição eleitoral.

A expectativa não se confirmou.

Passadas algumas décadas, a América Latina consolidou sua posição de região com pior distribuição de renda no mundo.

Não é que não tenha havido nenhuma proposta ou políticas com o intuito de diminuir as desigualdades sociais. Inicialmente, a expectativa teórica de que a porção mais pobre do eleitorado tenderia a votar por redistribuição foi até contemplada.

A eleição de Luiz Inácio Lula da Silva, do Partido dos Trabalhadores (PT), bem como a sequência de vitórias de outros partidos de esquerda com propostas redistributivas em vários países da América do Sul nos anos 2000, fizeram parte da "Maré Rosa"*. Neste período "pós-neoliberal", houve um processo de rejeição das políticas econômicas implementadas pelos partidos de centro e centro-direita que emergiram dos governos militares na América Latina, impulsionando os partidos de oposição.

Este boom de eleições de governos de esquerda na região, no entanto, contrasta com o significativo sucesso eleitoral de candidatos com plataformas conservadoras ou de políticos *outsiders* com discursos liberalizantes e antirredistribuição. No período recente, destaca-se a eleição de Maurício Macri (Argentina, 2014), Sebastian Piñera (Chile, 2017), Ivan Duque (Colômbia, 2018), Jair Bolsonaro (Brasil, 2018) e Lacalle Pou (Uruguai, 2019). Mais uma vez, começou um ciclo de êxito eleitoral de candidatos à direita do espectro ideológico, o que reabriu o debate sobre a "racionalidade" do voto dos pobres na América Latina. Por que uma parcela substantiva do eleitorado de baixa renda vota em políticos que não priorizam propostas redistributivas?

É intuitivo que indivíduos ricos possuem menos incentivos para votar pela redistribuição de renda: além de dependerem menos do Estado para acessar serviços, eles são também avessos à ideia de pagar mais impostos. Mas o que leva eleitores pobres, altamente dependentes de políticas de transferência de renda para experimentar ascensão social, a não votarem por redistribuição?

Voltando aos conceitos básicos, a teoria da representação democrática está centrada na ideia de que os políticos são

---

* Período recente da política Latino-Americana que ficou marcado pela ascensão e chegada ao poder de partidos e coalizões que se definem como esquerda ou centro-esquerda.

responsivos aos eleitores. Isso significa que, uma vez eleitos, deveriam implementar políticas públicas que espelham (ainda que parcialmente) as preferências do eleitorado. Em países com alta desigualdade, o eleitor que decide eleições — mais conhecido como eleitor mediano, em geral sem forte identificação partidária —, tende a ser deslocado para a esquerda do espectro ideológico, dado que a maior parte da população está abaixo da mediana de renda. A consequência lógica desse movimento seria o aumento da pressão por redistribuição em países com alta desigualdade.

As evidências, todavia, desafiam essa formulação. A conta não fecha.

Figura I.1. Relação entre desigualdade de renda e voto no PT nas eleições presidenciais (2006-2018)

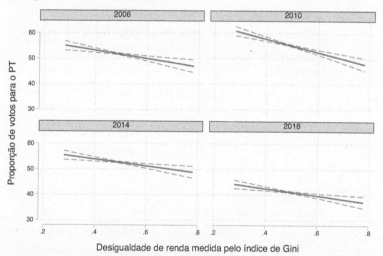

Nota: Figura elaborada pelo autor com dados do Tribunal Superior Eleitoral (TSE) e do Instituto Brasileiro de Geografia e Estatística (IBGE). A figura mostra que a proporção de votos para o PT nas eleições presidenciais diminui à medida que o desigualdade de renda (no índice de Gini, valores próximos de 1 significam maior desigualdade) aumenta nos municípios brasileiros.

No Brasil, por exemplo, os municípios com os mais altos índices de desigualdade de renda (medida pelo índice de Gini) são aqueles que menos votaram no PT nas eleições de 2006 a 2018, partido de esquerda que não só esteve entre os dois primeiros colocados em todas as disputas presidenciais desde a redemocratização, mas também tem maior penetração nos municípios brasileiros e maior representação no Congresso Nacional. Ou seja, os potenciais beneficiários da redistribuição, que tenderiam a votar em candidatos à esquerda do espectro ideológico, não parecem muito arrebatados pelo suposto representante de seus interesses.

Para complicar a história, o caso brasileiro é um em muitos. Existe um padrão recorrente nas democracias contemporâneas: desigualdade de renda não significa necessariamente mais pressão por redistribuição. Pelo contrário, a demanda por redistribuição de renda tende a ser menor nos contextos com maior desigualdade. Isso coloca em xeque a ideia de que a renda dos eleitores é sempre determinante na hora de votar. Como explicar a aparente contradição do comportamento eleitoral dos indivíduos de baixa renda?

O economista francês Thomas Piketty (1995) iluminou um caminho por meio de sua teoria do aprendizado social. Segundo ele, a preferência individual por redistribuição é afetada de forma significativa pela percepção de mobilidade social. Enquanto aqueles que ficam estáticos nos degraus inferiores da escada social podem voltar-se a políticos que prometem transferência de renda, quem experimenta ascensão social tende a se tornar mais tolerante à desigualdade. É o famigerado mito da meritocracia. Existe uma associação entre mobilidade social e valores como o esforço ("Se cheguei até aqui, é porque mereci") e a sorte. Assim, indivíduos pobres que sobem alguns degraus tendem a desaprovar políticas que pretendem

A RELIGIÃO DISTRAI OS POBRES?

promover redistribuição de renda, fazendo com que os partidos de esquerda enfrentem dificuldades para angariar apoio nesse grupo de eleitores.

A expectativa de ascensão social também aparece como um fator determinante para explicar essa racionalidade no modelo econômico do francês Roland Bénabou e do turco Efe A. Ok (2001). Neste caso, a experiência de melhorar de vida nem é necessária. Os dois argumentam que quem tem uma renda abaixo da mediana, mas espera, em breve, enriquecer além da mediana, tende a não apoiar a intervenção do Estado para redistribuir renda. Isso ocorre porque indivíduos na expectativa de serem promovidos à classe média não desejam arcar com o aumento de impostos necessário para que o governo redistribua renda e promova a ascensão social de outras pessoas.

Uma segunda linha de argumentação foca na falsa percepção de riqueza dos eleitores pobres. A teoria de que o eleitor mediano é quem define as eleições tem como principal premissa que os indivíduos sabem se posicionar em uma escala de distribuição de rendimentos. Assim, quem ganha abaixo da mediana, ciente da sua condição desfavorável e com expectativa de ascensão social, tenderia a votar em partidos com propostas claramente redistributivas, geralmente de esquerda. Da mesma forma, indivíduos com rendimentos acima da mediana deveriam votar em partidos com propostas não redistributivas (geralmente à direita no espectro ideológico), procurando evitar o aumento de impostos.

No entanto, os professores Vladimir Gimpelson e Daniel Treisman (2018), pesquisadores de ciência política e economia comportamental, respectivamente, descobriram que raramente os indivíduos conseguem identificar sua real posição na distribuição de rendimentos. Não só isso: a preferência pessoal por redistribuição se relaciona mais com a percepção de renda própria do que com a renda real. É possível viver por muito tempo em uma miragem, escolhendo políticos de acordo com as visões produzidas por essa miragem. Como consequência, as pessoas só percebem o tamanho da desigualdade no contexto em que estão inseridas quando informadas sobre sua real condição de pobreza.

Há uma terceira possibilidade, parte de uma linha interpretativa alternativa e que parece explicar o que vem ocorrendo em anos recentes no Brasil e em outros países da América Latina. A religião desempenha um papel crucial na formação das preferências dos indivíduos e acaba minando o suporte eleitoral dos partidos de esquerda entre os eleitores de baixa renda.

Do latim *religio, religionis*, religião para alguns relaciona-se ao verbo *relegere*, isto é, "reler, revisitar, retomar o que estava largado", no que concerne o ato de reler e interpretar os textos de doutrina religiosa, ou até recuperar a dimensão espiritual da qual a vida terrena tende a afastar os homens. Para outros, o verbo em questão é o *religare*, "religar, atar, apertar, ligar bem": atar os laços que unem a humanidade ao divino. Agora, cultos religiosos também parecem ter o poder de afetar consideravelmente a vida terrena e a racionalidade de seus membros, reduzindo a pressão por políticas de redistribuição.

Kenneth Scheve e David Stasavage (2006), cientistas políticos americanos que publicaram um trabalho seminal sobre o tema, mostram que os pobres que frequentam templos religiosos abdicam de serviços oferecidos pelo Estado, porque possuem acesso a uma rede alternativa de proteção social oferecida pelas igrejas. Nesta rede, os fiéis podem receber suporte material e psicológico, bem como ter acesso privilegiado a ofertas de trabalho e oportunidades de pequenos negócios.

Várias análises posteriores encontraram evidências para esse efeito até então desconhecido, explorando mecanismos

A RELIGIÃO DISTRAI OS POBRES?

alternativos para o intrigante comportamento eleitoral de pobres religiosos. Por exemplo, o cientista político alemão Daniel Stegmueller mostrou que eleitores religiosos são mais conservadores do que os indivíduos sem religião. Esse maior conservadorismo ajuda a explicar a opção por partidos de direita, tradicionalmente menos progressistas — mesmo que isso signifique votar contra políticas de redistribuição. O mesmo autor também mostra que a correlação entre pobreza e apoio à transferência de renda desaparece entre os indivíduos mais moralistas.

São, contudo, análises limitadas. O grupo "religiosos" está longe de ser uma categoria homogênea. No Brasil, por exemplo, católicos e evangélicos se diferenciam em diversas dimensões sociais e econômicas. Além disso, o termo "evangélico" abarca distinções importantes e designa tanto as igrejas protestantes históricas ou "tradicionais" — que se aproximam mais da base teológica divulgada por Martinho Lutero, João Calvino e Ulrico Zwingli, pais da reforma protestante — (Luterana, Presbiteriana, Congregacional, Anglicana, Metodista e Batista) como as pentecostais (Congregação Cristã do Brasil, Assembleia de Deus, Evangelho Quadrangular, Brasil para Cristo, Deus é Amor, Igreja Renascer, Igreja Cristã de Nova Vida, Igreja Universal do Reino de Deus).

Como elaboro neste livro, o que acontece é que a presunção de que pobres deveriam votar por redistribuição contrasta com a capacidade da religião — ou, mais precisamente, suas variações — para afetar o modo como os indivíduos fazem escolhas eleitorais. Afinal, a visão de mundo dos indivíduos é explicada, em boa medida, por suas crenças. Por exemplo, indivíduos pobres (aqueles com renda total familiar de até dois salários-mínimos), tendem a rejeitar o PT nas urnas. A estatística é puxada especialmente pelos eleitores de filiação pentecostal: nas eleições presidenciais de 2014, a probabilidade

Figura 1.2. Proporção média de votos no PT nas eleições presidenciais por filiação religiosa – apenas indivíduos com renda total familiar de até dois salários-mínimos

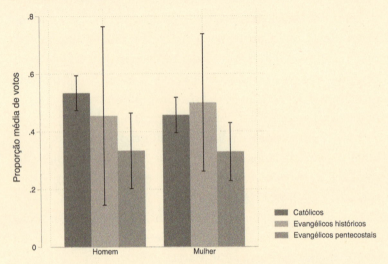

Nota: Figura elaborada pelo autor com dados do Estudo Eleitoral Brasileiro (ESEB, 2014).

de um eleitor pobre pentecostal votar no PT foi 51% menor do que membros de baixa renda de outros grupos religiosos. Enquanto isso, católicos e evangélicos históricos têm menor rejeição eleitoral ao partido tanto no grupo dos eleitores homens, quanto entre as eleitoras mulheres.

Os evangélicos pentecostais não são irracionais, eles apenas são guiados por uma visão de mundo e cálculo eleitoral distintos. As lideranças pentecostais mobilizam fiéis contra os partidos que ameaçam seus valores morais e visão de mundo, criando incentivos para que os eleitores de baixa renda — maioria nesse grupo evangélico — votem contra os partidos de esquerda. Como consequência, a pressão eleitoral por redistribuição, que poderia emergir dos estratos mais pobres

A RELIGIÃO DISTRAI OS POBRES?

da população, cai vertiginosamente. Usando o PT como representante da esquerda brasileira, é possível observar que, embora tenha estado no segundo turno de todas as eleições entre 1989 e 2018 (exceto em 1998, quando o candidato Fernando Henrique Cardoso, do Partido da Social Democracia Brasileira, PSDB, foi eleito em primeiro turno com 53% dos votos válidos), os candidatos petistas jamais contaram com apoio majoritário do segmento evangélico pentecostal.

Que magnetismo é esse que afasta o eleitor pobre da possibilidade de votar por mais renda? "A moral e os bons costumes" são, por excelência, os bastiões deste grupo religioso, mais do que de quaisquer outros. A base doutrinária pentecostal estimula um comportamento individual fundado em um proselitismo de cunho fortemente moralizante. Se a graça e o poder de Deus são revelados apenas àqueles que atingem um certo nível de santidade, todos os não-crentes — ímpios, aqueles que não têm fé ou que têm desprezo pela religião — são necessariamente pecadores e se encontram distantes de Deus. Ou seja, os adeptos do pentecostalismo se enxergam como mais que guardiões de sua própria santidade: são praticamente corresponsáveis pela manutenção do padrão moral da sociedade como um todo.

Por outro lado, é possível questionar se a influência de pastores tem poder de ir assim tão longe. Escrevendo sobre a eleição presidencial de 2010 na revista acadêmica "Novos Estudos", o sociólogo da religião Antônio Flávio Pierucci afirmou que aquela havia sido a campanha eleitoral com maior intromissão da religião até o momento — Pierucci não sobreviveu para assistir o que aconteceu em 2018; ele teria ficado assustado. Para ele, "os pastores evangélicos ficaram mais escolados e autoconfiantes para explorar o conservadorismo dos membros de suas igrejas". Apesar disso, diante da vitória de Dilma Rousseff, candidata de esquerda no segundo turno e sucessora de Lula na Presidência da República, o autor conclui que o "moralismo religioso" foi desmoralizado durante o pleito, o que poderia sugerir a pouca efetividade do engajamento eleitoral das lideranças evangélicas.

Não é a primeira vez que o argumento da "não influência" dos pastores evangélicos sobre os fiéis aparece no debate público. O sociólogo Paul Freston sustenta que, apesar de seus esforços para interferir na percepção política dos membros de suas igrejas, os líderes não têm garantia de alinhamento no momento do voto. No artigo de 2019 "Igrejas evangélicas como máquinas eleitorais no Brasil", Reginaldo Prandi, Renan William dos Santos e Massimo Bonato, da Universidade de São Paulo, chegam a ir mais longe ao afirmar que grande parte dos evangélicos não segue as recomendações de suas lideranças. Os fiéis desse grupo "destoam daquela imagem de rebanho eleitoral facilmente manejável e influenciável pelas pregações proferidas nos cultos", segundo os três sociólogos. É o mesmo que afirma a cientista política estadunidense Amy Erica Smith ao sugerir que "a maior parte dos eleitores adota normas democráticas seculares que os levam a resistir a certos tipos de influência das lideranças evangélicas".

Esses autores parecem ignorar que a categoria "evangélicos" é bastante heterogênea, como bem mostra o recente trabalho publicado pelo antropólogo Juliano Spyer. Entre outros aspectos divergentes, o conservadorismo moral é mais saliente entre os evangélicos pentecostais e as lideranças deste segmento evangélico também tendem a ser mais engajadas e participam ativamente das eleições mobilizando seus fiéis em torno de uma agenda eleitoral comum, como discuto no capítulo 1 deste livro.

Pastores pentecostais utilizam elementos bíblicos e fundamentação teológica para alterar a percepção moral de seus fiéis e colocá-los em oposição aos atores políticos com pautas progressistas. Assim, os partidos de esquerda tendem a ser punidos pelos

A RELIGIÃO DISTRAI OS POBRES?

eleitores pentecostais por defenderem uma agenda de costumes mais flexível, como a descriminalização das drogas e do aborto e a extensão do direito de matrimônio para casais homoafetivos. Como consequência, demonstram os resultados discutidos no capítulo 2, pautas redistributivas ficam em segundo plano.

Por mais que o estado brasileiro seja laico, assim como o de outras democracias ocidentais, a religião tende a ser uma identidade eleitoral dominante. Graças ao seu apelo divino e sobrenatural, o conjunto de valores e doutrinas prescritos pelos cultos afetam todas as dimensões da vida. Na hora do "vamos ver" eleitoral, outros aspectos da subjetividade e condição social — como renda, raça e gênero — podem ser sobrepostos pela identidade religiosa. A própria natureza moral da religião, baseada em regras e preceitos, demarca de forma clara a visão de mundo dos indivíduos, aumentando os incentivos para que os partidos explorem pautas identitárias religiosas no momento eleitoral.

Isso ocorre mesmo com a consciência da existência e das possibilidades criadas por propostas redistributivas. Mesmo que os eleitores não possuam todas as informações no momento de votar, eles são capazes de comparar candidatos e escolher as propostas eleitorais com as quais se identificam. Como os pleitos criam incentivos para a disseminação de informação, partidos convertem pautas complexas em discussões mais acessíveis — a discussão de políticas de redistribuição e combate à pobreza pode ser simplificada, por exemplo, nos termos da manutenção ou não do Programa Bolsa Família (recentemente substituído pelo Auxílio Brasil), enquanto o tema do aborto pode ser reduzido a uma discussão entre aqueles que estão a favor ou contra a vida. Ou seja, é de forma consciente que eleitores pobres ligados a igrejas pentecostais não votam em candidatos de esquerda.

Historicamente, os partidos de esquerda são os atores políticos que pautam o tema da redistribuição nas arenas formais de discussão política e aqueles engajados em programas de combate à pobreza e inclusão social. Neste sentido, como mostram os cientistas políticos Evelyne Huber e John Stephens, da Universidade da Carolina do Norte, a ascensão de governos de esquerda decorrente do processo de redemocratização e o aumento da competição eleitoral foi fundamental para o incremento do gasto social com educação e saúde na América Latina. Não por acaso, a desigualdade de renda tende a aumentar após sucessivos governos de partidos de direita e a regredir sob governos de esquerda. Para os eleitores pentecostais, contudo, ganhos em bem-estar possibilitados pelo aumento da renda importam menos na hora de votar do que considerações de ordem moral, como abordado no capítulo 3.

O pentecostalismo reduz a pressão eleitoral por redistribuição ao fomentar a rejeição aos partidos de esquerda entre os eleitores de baixa renda. Isso se relaciona à história e às características desta vertente evangélica no Brasil e se materializa sob a forma de rejeição ao PT, o partido de esquerda mais competitivo no país que encampou a agenda de redistribuição nas disputas para presidente entre 2002 e 2018, objeto de discussão do capítulo 4.

Em um mundo marcado pelo advento da ciência moderna e da racionalidade como padrão das sociedades ocidentais, o apelo divino e sobrenatural ainda orienta parte expressiva das relações humanas. A religião segue vivíssima no século XXI e continua desempenhando um papel crucial no modo como os indivíduos votam, sobretudo os mais pobres. A transição religiosa, assim, não é um fenômeno meramente demográfico. O modo como os indivíduos pensam e votam é influenciado pela religião, tanto quanto aspectos puramente econômicos. Quais as consequências disso para o cálculo eleitoral dos partidos políticos? E como isso afeta o resultado que sai das urnas? Como a iminente transição de um país majoritariamente católico para um pais majoritariamente evangélico irá alterar o funcionamento e a qualidade da democracia? Nas páginas que se seguem, o leitor encontrará respostas para essas e outras questões relevantes para entender o Brasil atual.

1. O FENÔMENO PENTECOSTAL NO BRASIL

Nas últimas duas décadas, poucas mudanças foram mais marcantes na sociedade brasileira do que o crescimento da parcela da população que se declara evangélica. Entre 2000 e 2010, o número de cristãos evangélicos no país cresceu 61%, alcançando 22,2% (42.310.000) da população. Do total de evangélicos no Brasil, 57% (24 milhões) se declaravam pentecostais em 2010 (ano do último censo da população brasileira realizado pelo IBGE). E dois a cada três novos convertidos às igrejas evangélicas pentecostais são provenientes do catolicismo, religião que perde 1% da população a cada ano. Mantidas as taxas de crescimento atual, a transição religiosa estará completa antes de 2030, o que elevará os evangélicos à condição de grupo religioso majoritário no Brasil. O fenômeno do pentecostalismo está prestes a pôr o país com o maior número de católicos do mundo de cabeça para baixo, assim como sua identidade.

Tudo isso teve início no século XIX, quando o protestantismo missionário introduziu as igrejas evangélicas históricas — como a Metodista, a Presbiteriana, a Batista e a Episcopal.

As diversas ondas de migração europeia para o Brasil potencializaram a correnteza do novo culto, que logrou crescimento principalmente ao atracar nas grandes cidades brasileiras. Essa peculiaridade embrionária, séculos depois, distingue o país das outras experiências observadas na América Latina: o pentecostalismo brasileiro é desproporcionalmente urbano.

As raízes da doutrina, que têm se espalhado pelo mundo com muita rapidez, se confundem com os escritos do pastor e teólogo John Wesley (1703-1791). Vivendo na Inglaterra da Revolução Industrial, onde crescia o número de desempregados, a desigualdade, a corrupção e a violência, ele também estava inserido em um contexto em que o cristianismo estava definhando. Embora ele seja comumente identificado como líder precursor do movimento metodista, o movimento ganhou contornos mais claros nas mãos de alguns de seus seguidores, como Charles Finney (1792-1875) e Charles Fox Parham (1873-1929).

Finney, professor de teologia no Oberlin College, em Ohio, nos Estados Unidos, foi o principal expoente do "Perfeccionismo de Oberlin", um movimento evangelista baseado na ideia de que a santidade deve ser encarada como um pressuposto e não como um alvo da vida cristã. Nesta corrente de pensamento, a vida cristã adquire uma perspectiva evolutiva, com estágios delimitados de desenvolvimento espiritual. Assim, o processo de conversão individual deve ser precedido pelo batismo com o Espírito Santo, em que os fiéis recebem dons divinos via contato com o divino — uma espécie de "segunda bênção" reservada apenas aos santos. Durante este processo de imersão no mundo espiritual, acredita-se que os fiéis podem ser curados de doenças, experimentar visões, ouvir profecias ou falar línguas desconhecidas ou estrangeiras.

Enquanto isso, o pregador estadunidense Parham criou o movimento de "Fé Apostólica". Constituída por igrejas

A RELIGIÃO DISTRAI OS POBRES?

independentes chamadas "missões", a ação cresceu no sul e no oeste dos Estados Unidos, onde ele realizava as suas reuniões. Ele preferia desenvolver sua fé em sessões privadas de intercessão, acreditava que o Espírito Santo se comunicava diretamente com ele e rejeitava a autoridade religiosa estabelecida. Suas principais convicções eram a salvação, a cura e a santificação pela fé, e o teólogo foi o primeiro a identificar o fenômeno de falar línguas desconhecidas ou estrangeiras como evidência bíblica do batismo do Espírito. Além disso, Parham acreditava no aniquilacionismo: os ímpios não seriam eternamente atormentados no inferno, mas destruídos, completamente apagados. De acordo com essa corrente, a imortalidade é condicional, e apenas aqueles que recebem a Cristo como Senhor e Salvador viverão eternamente.

Os preceitos de Wesley e seus seguidores chegaram em solo brasileiro no começo do século XX, com as primeiras missões para evangelizar o Brasil. Dois missionários inspirados pelo pentecostalismo norte-americano foram os protagonistas do momento: Luigi Francescon, um italiano radicado nos Estados Unidos, foi o responsável por fundar, em 1910, a Congregação Cristã no Brasil na cidade de São Paulo, enquanto que, ao mesmo tempo, o missionário de origem sueca Daniel Berg iniciou os trabalhos da Assembleia de Deus em Belém do Pará. Muitos outros seguiram, como Harold Williams, estadunidense que inaugurou a Igreja do Evangelho Quadrangular em São João da Boa Vista, no Rio de Janeiro, em 1951, e os brasileiros David Miranda e Manoel de Mello, fundadores das primeiras casas de culto em solo paulista: Igreja Deus é Amor, em 1962, e Igreja Pentecostal O Brasil para Cristo, em 1979, respectivamente.

Do momento em que foi implantado em diante, o pentecostalismo brasileiro passou por diversas metamorfoses. Como resultado do esforço de adaptação do pentecostalismo importado dos Estados Unidos a alguns traços típicos da cultura brasileira, as igrejas originárias se fragmentaram em novas denominações idealizadas por lideranças locais. Elementos da cultura afro-brasileira foram incorporados por cultos evangélicos. Além disso, com o passar dos anos, pastores e lideranças eclesiásticas decidiram integrar ativamente a esfera pública.

A primeira geração de igrejas e lideranças, de 1910 a 1950, tinha como principal objetivo expandir a influência do movimento pentecostal no Brasil — embora sem muito êxito. Neste período, a política partidária era algo distante, devido à estratégia de separação entre a esfera do sagrado e do profano. Já a segunda geração, capitaneada por lideranças locais em ascensão, conseguiu lançar as bases para um rápido processo de expansão do pentecostalismo em antigos redutos católicos, especialmente nas áreas pobres urbanas. O pastor Miranda, filho de agricultores paranaenses, se converteu ao pentecostalismo e fundou a Igreja Deus é Amor, inaugurando, em 1979, um templo para dez mil pessoas em São Paulo — naquela época, o maior templo evangélico no Brasil. Enquanto isso, Mello, pernambucano influenciado pela corrente de Harold Williams que veio para São Paulo inaugurar a Igreja Pentecostal O Brasil para Cristo, virou um dos maiores líderes do pentecostalismo brasileiro com o uso do rádio, chegando a reunir 200 mil pessoas em suas campanhas. Em 1981, tornou-se o primeiro evangélico a estampar a capa da Revista Veja, na matéria "Pentecostais: o milagre da multiplicação".

Naquela época, o fenômeno do pentecostalismo já se fazia claro, mas ninguém previu o tamanho dessa multiplicação. Em 1980, apenas 3,9 milhões de brasileiros se declaravam evangélicos pentecostais. Em 2010, três décadas depois, esse número mais do que sextuplicou (24 milhões), um crescimento vertiginoso e acima da média da América Latina. Apesar da complexidade, alguns pilares principais ajudam a explicar o fenômeno. Em primeiro lugar, as igrejas evangélicas históricas fizeram um esforço limitado para expandir sua presença no território brasileiro, abrindo espaço para o pentecostalismo. O movimento foi potencializado pelo aumento da pobreza nas grandes cidades, resultado da migração das áreas rurais para os centros urbanos. A existência de redes de apoio internas das igrejas, adaptadas às demandas da população mais vulnerável, foi importante tanto para a atração de fiéis quanto para sua retenção. Além disso, a utilização de uma linguagem mais acessível permitiu difundir regras e preceitos religiosos para as camadas menos escolarizadas da população. Por fim, os cultos menos litúrgicos e abertos às demandas culturais locais lograram atingir um público muito importante, que parecia cada vez mais distante dos templos religiosos: os jovens.

Ao mesmo tempo que aumentou o número de igrejas e membros — e talvez até devido a esse padrão —, emergiu um novo entendimento sobre o papel dos evangélicos pentecostais na esfera pública. O ano de 1986 é considerado um marco da participação deste grupo na política brasileira, quando, após um acordo entre lideranças e a definição de candidaturas próprias, o movimento pentecostal elegeu 33 parlamentares para a Assembleia Nacional Constituinte. A maior parte oriunda da Igreja Assembleia de Deus, maior denominação evangélica no Brasil até os dias de hoje, com 34% dos fiéis do país, segundo o Instituto Datafolha (2020).

Muito rapidamente, uma longa tradição de apatia política e subserviência deste grupo foi rompida. Esse crescimento da representação dos evangélicos nas arenas formais de decisão surge como consequência direta do aumento vertiginoso dos pentecostais no Brasil e, portanto, no eleitorado. De 1940 a 1980, cerca de 9% dos eleitores eram evangélicos pentecostais — uma fatia estável e pequena do bolo. Depois disso, passa-se a observar um crescimento linear do grupo. Em 30 anos, o peso do voto pentecostal quase que dobrou, atingindo mais de 16% do eleitorado brasileiro em 2010. Tendo em vista o crescimento registrado na primeira década do século, uma pesquisa do Instituto Datafolha realizada em 2018 estima que quase 20% dos votos no pleito presidencial daquele ano tenham vindo de pentecostais (contra apenas 10% dos evangélicos históricos). Contudo, esse quantitativo só poderá ser confirmado quando os dados do próximo censo demográfico forem divulgados.

Se poucas mudanças foram mais marcantes na sociedade brasileira do que o crescimento da parcela da população que se declara evangélica, o que isso significa para os rumos do país? Afinal, quem são os evangélicos pentecostais brasileiros?

Como parte da obra "Trajetórias das desigualdades: como o Brasil mudou nos últimos cinquenta anos" (Editora Unesp, 2015), o antropólogo Ronaldo de Almeida e o sociólogo Rogério Jerônimo Barbosa resumem que a *persona* representativa do grupo é um indivíduo de baixa renda que reside em áreas periféricas dos grandes centros urbanos. De fato, a proporção de evangélicos pentecostais aumenta em municípios com níveis mais elevados de urbanização, segundo os censos do IBGE de 2000 e 2010. Os dados do IBGE de 2010 também indicam que, mantidos outros fatores constantes, os evangélicos pentecostais tendem a residir nas áreas com maior desigualdade de renda, diferentemente do perfil observado entre aqueles que frequentam as igrejas evangélicas históricas e católicas. Vale ressaltar que 65% dos indivíduos pentecostais têm uma renda familiar de, no máximo, dois salários-mínimos.

Os membros deste grupo também se diferenciam de outros religiosos em outras dimensões importantes. Por exemplo, é significativo que apresentem menor nível de escolaridade: apenas

A RELIGIÃO DISTRAI OS POBRES?

10% dos evangélicos pentecostais tinham ensino superior completo em 2010. Fora isso, o historiador Alderi Souza de Matos também chama atenção para o fato de que as mulheres são o grupo majoritário nesse segmento religioso. Enquanto as demais denominações evangélicas possuem um contingente médio de 50% de mulheres, as igrejas pentecostais contam com 60%, consequência da maior abertura para o envolvimento feminino nas suas atividades eclesiásticas. Um exemplo marcante deste movimento é a Igreja do Evangelho Quadrangular, fundada em 1927 nos Estados Unidos pela pregadora norte-americana Aimee Semple McPherson. Todas as igrejas dessa denominação, inclusive as implantadas no Brasil a partir de 1951, destacam-se pela maior abertura das atividades eclesiais para as mulheres.

Outro aspecto relevante desse grupo é o baixo consumo de informação de seus integrantes. Isso os torna potencialmente dependentes de suas lideranças religiosas para se informar, o que é especialmente significativo durante períodos eleitorais. Os dados do Estudo Eleitoral Brasileiro (ESEB) de 2014, por exemplo, evidenciam que os indivíduos de filiação evangélica pentecostal tendem a consumir menos informação em jornais impressos ou digitais, assistir menos ao noticiário local ou nacional, bem como possuem menor predisposição para ouvir o noticiário via rádio. Mesmo que o questionário, infelizmente, não informe sobre o consumo de informação via redes sociais, o cenário que se desenha é de tendência à desinformação e suscetibilidade à influência de figuras poderosas e que transmitem confiança, como seus líderes religiosos. Enquanto isso, os evangélicos históricos e, sobretudo, os católicos — na média, mais escolarizados e com maior renda — tendem a consumir mais informação dessas diversas fontes.

O potencial poder de influência de pastores pentecostais fica ainda mais notório quando analisamos outro conjunto de dados da pesquisa do ESEB: seus fiéis passam mais tempo nos cultos. Mantidos outros fatores constantes, um indivíduo com filiação evangélica pentecostal tem uma probabilidade cinco vezes maior de frequentar a igreja ao menos uma vez na semana, se comparado com evangélicos históricos e católicos. Vale ressaltar também que os pentecostais são aqueles que mais confiam em suas lideranças religiosas. A probabilidade de um membro desse grupo avaliar bem o líder de sua igreja é cerca de quatro vezes maior na comparação com outras religiões. É marcante, por sua vez, o alto nível de desconfiança dos evangélicos históricos.

Como resultado desta maior permeabilidade às posições políticas e ao direcionamento ideológico de suas lideranças religiosas, os cultos pentecostais são frequentemente um espaço de mobilização política onde uma identidade eleitoral é construída. Neste contexto, cabe ao pastor a tarefa de criar um inimigo eleitoral comum que, devido aos valores morais geralmente progressistas, tende a ser um partido ou candidato de esquerda.

Por exemplo, na comparação com outras religiões, os evangélicos pentecostais são aqueles com menor probabilidade de serem simpatizantes do petismo. Na comparação com outros grupos religiosos, a chance de um indivíduo com essa filiação religiosa gostar de petistas e simpatizantes do PT é 21% menor, na média. Assim, o conservadorismo moral ajuda a explicar o porquê de parte importante do eleitorado de baixa renda boicotar o principal representante da esquerda na política brasileira.

O dado coloca em xeque a presunção de que os diferentes grupos religiosos são igualmente conservadores, e até mesmo de que as religiões cristãs necessariamente tornam os indivíduos mais reacionários. Na prática, existem importantes diferenças no posicionamento desses grupos. Entre os católicos brasileiros, por exemplo, há um caldeirão de idiossincrasias onde um forte conservadorismo moral se confunde com apoio público a agendas sociais mais progressistas. Isso fica claro entre os anos de 1965 e 1985, período de censura e limitada liberdade de expressão no Brasil, quando movimentos surgidos no interior do catolicismo foram de suma importância no processo de redemocratização.

A Teologia da Libertação – movimento sócio-eclesial, de orientação marxista, que se propunha a interpretar a realidade da pobreza e exclusão e do compromisso com a libertação para fazer reflexões teológicas e convidar à ação transformadora desta mesma realidade –, desenvolvida no Brasil e em outros países da América Latina ao longo dos anos 1960, forneceu alguns elementos doutrinários que serviram para justificar a contestação pública de algumas das medidas implementadas pelos governos militares. Por mais que a Marcha da Família com Deus pela Liberdade tenha dado respaldo ao golpe civil-militar em 1964, é inegável que as comunidades eclesiais de base cumpriram um importante papel de politização das camadas mais populares.

Tamanha efervescência no interior do movimento católico brasileiro se estende ao período democrático, quando as lideranças católicas, sobretudo aquelas ligadas ao movimento da renovação carismática, têm se movimentado no sentido da preservação do *status quo* e defesa dos valores da família. Este segmento da Igreja Católica brasileira sofre forte influência das igrejas evangélicas pentecostais, inclusive reproduzindo algumas das práticas eclesiásticas e religiosas nas Missas. Existe até mesmo a teoria de que a renovação carismática foi uma estratégia deliberada da arquidiocese no Brasil para conter o avanço do pentecostalismo entre as camadas mais pobres da população.

Suposições à parte, na prática os evangélicos pentecostais ganharam destaque na sociedade brasileira por adotarem uma postura em defesa dos valores da "família cristã". A esse respeito, cientistas políticos como Simone Bohn (2004), professora brasileira da York University, no Canadá, pontuam que o peso do grupo pentecostal ajuda a explicar a grande resistência a pautas progressistas entre indivíduos de baixa renda no Brasil. A descriminalização do aborto, a oposição ao casamento homoafetivo e a contrariedade à discussão da educação sexual nas escolas se revelam de forma mais contundente entre os evangélicos pentecostais.

Os dados do Latinobarômetro mostram que, quando comparados aos indivíduos filiados à outras religiões, os evangélicos pentecostais são consideravelmente menos propensos à

Figura 1.1. Aprovação da descriminalização da maconha por filiação religiosa

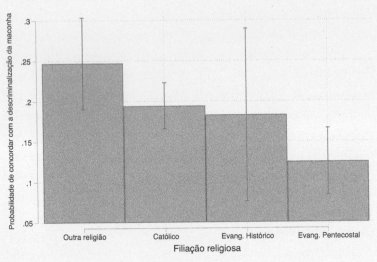

Nota: Figura elaborada pelo autor com dados do Latinobarômetro, 2015.

Figura 1.2. Aprovação do casamento entre pessoas do mesmo sexo por filiação religiosa

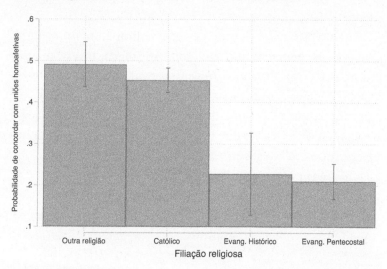

Nota: Figura elaborada pelo autor com dados do Latinobarômetro, 2015.

concordar com a aprovação da descriminalização da maconha. Em relação a uniões homoafetivas, os dados indicam mais nuances: embora evangélicos históricos também sejam resistentes à união homoafetiva, com probabilidade de apoio 57% menor (na comparação com os respondentes de outras religiões), os pentecostais têm uma rejeição ainda maior, com probabilidade de apoio 71% menor. Os católicos, por sua vez, tendem a ser amplamente favoráveis à união homoafetiva.

A tendência vai ao encontro de outras estatísticas, como as oferecidas pela pesquisa Perfil dos Evangélicos no Brasil, do Instituto Datafolha. Quando perguntados se um casal gay poderia adotar uma criança, 64% dos evangélicos se dizem contrários. Entre os católicos, é observada uma proporção significativamente menor, de 33%, enquanto na população brasileira em geral apenas 40% se diz contrário. Cai por terra a presunção de que os diferentes grupos religiosos são igualmente conservadores.

É evidente o nível elevado de conservadorismo moral entre evangélicos pentecostais, em contraste com níveis menos elevados de conservadorismo entre os indivíduos filiados a outras religiões cristãs — sobretudo os católicos, que se destacam por serem relativamente progressistas. Como a variação das características e preferências dos indivíduos que integram esses grupos religiosos se traduz em suas estratégias de voto nas disputas presidenciais? Tratar todos os devotos como um grupo homogêneo, além de ser uma grave deturpação da realidade, pode causar interpretações errôneas acerca do panorama político-religioso no Brasil.

2. O MORALISMO COMO ESTRATÉGIA DE PERSUASÃO

Imagine este cenário: dias antes do segundo turno das eleições presidenciais, um dos candidatos declara que "juntos, e com muita fé em Deus, iremos reconstruir o Brasil". Na mesma semana, um dos líderes da maior denominação pentecostal do Brasil revela publicamente: "A tendência do povo evangélico é não votar em candidatos das esquerdas, mas num cristão. No primeiro turno havia muita confusão, mas agora nosso povo sabe muito bem em quem votar". Passado o pleito e confirmada a vitória do candidato de direita, o líder pentecostal volta a se manifestar: "Não podemos negar, quem o elegeu foram os evangélicos. A vitória dele veio da Assembleia de Deus".

Apesar da coincidência com o contexto eleitoral que marcou profundamente o ano de 2018 no Brasil (faltou só o "Brasil acima de tudo, Deus acima de todos"), as falas acima se referem à corrida presidencial de 1989. O candidato em questão era Fernando Collor, do Partido da Reconstrução Nacional (PRN) — hoje chamado de Partido Trabalhista Cristão (PTC) —, primeiro presidente escolhido via eleições diretas após 21 anos da ditadura militar no Brasil. Já o pastor é José Wellington, naquele momento, presidente da Convenção Geral das Assembleias de Deus no Brasil (CGADB). Os trechos acima, tirados de um artigo sobre o envolvimento de pentecostais na eleição de Collor publicado por Ricardo Mariano e Antônio Flávio Pierucci (1992), retratam muito mais que um momento histórico. Há uma constante nas eleições presidenciais brasileiras: a oposição majoritária do segmento evangélico pentecostal aos candidatos de esquerda.

Já em 1994, o pastor e Deputado Federal da Igreja Assembleia de Deus, Salatiel Carvalho afirmou em uma entrevista à *Folha de São Paulo*: "Pedirei votos para qualquer candidato que dispute com Lula no segundo turno". A narrativa de que os evangélicos sofreriam perseguição religiosa caso o PT vencesse começou a se desenhar. A campanha do então candidato Luiz Inácio Lula da Silva teve que se empenhar para afastar os rumores de que, caso eleito, ordenaria o fechamento das igrejas evangélicas no Brasil. Só que, ao longo dos anos, a história foi ganhando contornos diferentes.

Em 2002, a candidatura de Anthony Garotinho, então governador do Rio de Janeiro e declaradamente evangélico, foi marcada por um discurso em defesa da família. Embora tenha sido derrotado no pleito, o candidato contou com o apoio de parte considerável dos evangélicos no primeiro turno das eleições presidenciais. Quatro anos depois, mesmo após sucessivas tentativas de acordo com os grupos evangélicos para sua reeleição, a Convenção Nacional das Assembleias de Deus (CONAMAD) decidiu apoiar o principal adversário de Lula, Geraldo Alckmin (PSDB), na disputa presidencial.

As manifestações de pentecostais contra a esquerda foram ficando progressivamente mais intensas. Nas eleições de 2010, por exemplo, uma das lideranças mais importantes da Assembleia

A RELIGIÃO DISTRAI OS POBRES?

de Deus no Brasil, pastor Silas Malafaia, defendeu publicamente o voto contra a petista Dilma Rousseff. Até aí, tudo normal. A justificativa, contudo, evidencia de forma ainda mais explícita o moralismo como estratégia eleitoral: a candidata havia declarado apoio ao Projeto de Lei 122, que instituía a criminalização da homofobia. No pleito seguinte, em 2014, o aborto foi um tema fundamental e à esquerda foi atribuído o plano de acabar com a família cristã brasileira. Dilma acabara de sancionar sem vetos uma lei, aprovada pela Câmara e pelo Senado, que obrigava hospitais a prestarem atendimento integral a vítimas de violência sexual, inclusive oferecendo a chamada pílula do dia seguinte, para a mulher não correr o risco de engravidar do estuprador. Grupos evangélicos ameaçaram-na com a retirada de apoio na reeleição, alegando que ela estaria, "na prática, legalizando o aborto no Brasil".

Nas eleições mais recentes, realizadas em 2018, o candidato petista Fernando Haddad foi acusado de planejar instaurar uma "ditadura de gênero" e "gayzista" na sociedade brasileira. Um dia antes do primeiro turno, a Justiça Eleitoral determinou a retirada de 35 notícias falsas até então veiculadas em diversas redes sociais. Dentre elas, uma foto de uma mamadeira erótica (a famosa "mamadeira de piroca") que seria distribuída em escolas caso o candidato petista fosse eleito e uma foto de Manuela D'Ávila, candidata à vice-presidente na chapa petista, vestindo uma blusa com o escrito "Jesus é Travesti".

A experiência mostrou que as candidaturas vinculadas às igrejas podem se beneficiar de uma ampla rede de apoio — sejam movidas por convicções religiosas, ou por mera conveniência eleitoral, como nos casos de Eduardo Cunha, ex-Deputado e líder da Câmara dos Deputados, que contava com apoio da Igreja Assembleia de Deus Madureira mesmo sem ter ligação formal às atividades dessa denominação, e de Jair Bolsonaro, que na pré-candidatura aceitou ser batizado por um pastor evangélico no Rio Jordão, em Israel, para angariar apoio entre os eleitores desse grupo. Esse trabalho de mobilização nas igrejas está por trás de fenômenos como o barateamento das campanhas eleitorais dos candidatos evangélicos em eleições legislativas — que pode ser explicado pela mobilização do capital simbólico nas igrejas evangélicas — e do expressivo aumento da bancada evangélica no Congresso Nacional. No entanto, o que chama a atenção é que pastores e lideranças pentecostais, por iniciativa própria, também desempenham um importante papel de mobilização eleitoral nas eleições presidenciais brasileiras.

Esses casos mostram que pastores apoiam publicamente candidatos e que, na direção inversa, candidatos também buscam apoio de pastores evangélicos. Mas, essas lideranças conseguem, de fato, influenciar o voto dos fiéis que frequentam suas igrejas?

O trabalho de Susan Stokes (2005), especialista em políticas distributivas da Universidade de Chicago, contribui para uma possível resposta ao mostrar as redes locais de apoio político, que se articulam com o objetivo de mobilizar os eleitores de baixa renda via compra de votos. De acordo com a autora, lideranças nacionais transferem para os seus cabos eleitorais, também conhecidos pelo termo anglófono *brokers*, recursos para angariar votos nos redutos eleitorais que eles mais conhecem — sobretudo as demandas da população local.

A função dos cabos eleitorais, contudo, tem muito mais nuances. Por exemplo, não se restringe à compra de votos, abrangendo também o transporte de eleitores para os locais de votação e a captação de eleitores para votar em outros domicílios eleitorais. Esses intermediários podem, inclusive, assumir a forma de políticos locais (Prefeitos ou Vereadores) que atuam para conseguir votos para seus parceiros políticos nas disputas de nível estadual ou nacional.

A RELIGIÃO DISTRAI OS POBRES?

A operação também pode adquirir caráter institucional, com cabos eleitorais que representam interesses coletivos específicos e são os responsáveis por negociar com políticos e partidos o apoio eleitoral do grupo ao qual representam. É o que os cientistas políticos Alisha Holland e Brian Palmer-Rubin (2015) definem como "cabos eleitorais organizacionais" (*organizational brokers*): quando não há necessidade de compra de votos na mobilização eleitoral, como ocorre no interior das igrejas pentecostais. Os pastores são capazes de engajar os eleitores de baixa renda sem o incentivo monetário, utilizando argumentos morais.

Nas eleições presidenciais de 2018, por exemplo, o pastor Silas Malafaia, provavelmente a liderança mais mediática do segmento pentecostal no Brasil, ajudou a promover a campanha de Jair Bolsonaro, à época do Partido Social Liberal (PSL)*, contra o então candidato petista Fernando Haddad. Não mudou da água para o vinho, já que antes disso apoiou e fez campanha publicamente para José Serra (2010) e Aécio Neves (2014). Sua principal estratégia visando a vitória de Bolsonaro foi relacionar a candidatura petista à degeneração dos valores morais fundamentais para os cristãos evangélicos.

Seis dias antes do primeiro turno das eleições presidenciais, no dia 1 de outubro de 2018, utilizou sua conta no Twitter, naquele momento com 1,4 milhão de seguidores, para denunciar a natureza imoral dos partidos de esquerda: "Para o PT e o PSOL, os pais não têm autoridade sobre as crianças, típico de comunistas". Uma postagem no dia 3 de outubro segue a mesma linha: "Atribuem aos evangélicos, grande parte da

---

* Devido a uma disputa política com o ex-presidente do PSL (partido recentemente rebatizado como União Brasil após um processo de fusão com outro partido, o Democratas), Luciano Bivar, Bolsonaro saiu da legenda em 2019. Depois de passar quase dois anos do mandato sem partido, filiou-se ao Partido Liberal (PL) em novembro de 2021.

queda de Haddad. Vocês estão equivocados! É a sociedade brasileira como um todo, que abriu os olhos e sabe que vocês representam a corrupção, destruição da família, erotizar crianças em escolas etc.".

Antes do segundo turno das eleições, o pastor pentecostal renovou os esforços para mobilizar seus seguidores com pautas moralizantes. Usando o recurso da caixa alta, publicou no Twitter em 24 de outubro: "Haddad representa o PT que é a favor de crianças mudarem de sexo sem consentimento dos pais, ideologia de gênero para perverter crianças nas escolas, produziu a maior roubalheira da história do Brasil, o próprio Haddad tem mais de 30 processos contra ele. FORA PT! FORA HADDAD!".

Um dia depois, nova postagem, desta vez fundamentando sua posição com elementos bíblicos: "Mais tarde vou postar um vídeo, provando na Bíblia, que Haddad se utiliza da mesma tática que o diabo usou para tentar derrotar Jesus. MESMO Q VOCÊ NÃO ACREDITE NA BÍBLIA, VOCÊ VAI FICAR DE BOCA ABERTA COM O QUE VOU TE MOSTRAR. AGUARDE!".

Em 28 de outubro, dia do segundo turno das eleições, o tiro de misericórdia: "HOJE! EM NOME DE JESUS! A verdade vai prevalecer contra a mentira, cinismo, corrupção, destruição dos valores morais, sexualizar crianças, liberação de drogas e outros tantos lixos morais. O BRASIL É DO SENHOR JESUS!".

O alcance desse engajamento virtual, no entanto, é modesto perto da ampla rede de mobilização formada pelas igrejas pentecostais, com capilaridade em todo o território nacional e influência sobre aproximadamente 25 milhões de eleitores de baixa renda. É nos cultos que os pastores podem fazer uso de sua posição institucional para influenciar o voto de uma massa de fiéis disposta a seguir a liderança espiritual de suas referências eclesiásticas. A mobilização pode ocorrer de maneira indireta, quando pastores associam determinadas candidaturas a forças

A RELIGIÃO DISTRAI OS POBRES?

opressoras e malignas, sem explicitamente revelar seu posicionamento eleitoral. Mas também assumem formas mais diretas de influência, quando esses líderes revelam sinais e orientações divinas para votar em um determinado candidato. Foi notório quando, em 1989, o Pastor Manuel Ferreira, Presidente Vitalício da Convenção Nacional das Assembleias de Deus no Brasil, declarou ao Jornal do Brasil: "Após orar e pedir a Deus que indicasse uma pessoa, o Espírito Santo nos convenceu de que Fernando Collor era o escolhido".

Em que medida o engajamento eleitoral das lideranças pentecostais afeta o voto dos indivíduos que frequentam essas igrejas? Idealmente, essa pergunta poderia ser respondida por meio de um experimento social. Em um ambiente controlado, uma amostra grande o suficiente de indivíduos com características semelhantes receberia diferentes estímulos morais. Seria, então, possível dividir os resultados de acordo com cada grupo religioso ao qual essas pessoas pertencem e testar a hipótese de que os indivíduos com filiação pentecostal seriam mais aderentes a esses estímulos. Não sendo possível fazer um experimento dessa natureza, uma abordagem alternativa é tentar captar o efeito da mobilização eleitoral promovida pelas igrejas pentecostais seguindo critérios geográficos. Esse procedimento permite testar se a votação dos candidatos de esquerda nas eleições presidenciais tende a ser menor em locais próximos aos templos.

É possível fazer esse exercício exploratório utilizando dados geolocalizados. Neste caso, é preciso assumir duas coisas. Em primeiro lugar, que os indivíduos tendem a votar perto de suas casas. No caso brasileiro, isso tende a ser verdade porque o local de moradia é justamente o critério adotado pelo Tribunal Superior Eleitoral (TSE) para determinar em qual seção eleitoral cada um deve comparecer no dia das eleições.

Em segundo lugar, que os fiéis frequentam igrejas próximas de seus locais de moradia. Algo que também é bastante provável, sobretudo no caso dos indivíduos de baixa renda, que precisam evitar custos adicionais com transporte e deslocamento. Cruzando dados do projeto "Como votou sua vizinhança", criado pelo jornal O Estado de São Paulo durante as eleições presidenciais de 2018, com uma base de endereços da Igreja Assembleia de Deus Vitória em Cristo (ADVEC), é possível investigar se os candidatos de esquerda costumam sofrer maior rejeição nos locais de votação próximos das igrejas pentecostais. Seguindo essa lógica, espera-se o seguinte: em uma determinada área com grande concentração de membros da ADVEC, os candidatos de partidos de esquerda tendem a receber menos votos.

Com 35 mil membros apenas no Rio, a ADVEC é uma das maiores denominações pentecostais no Brasil, portanto, um excelente caso a ser estudado. Vale lembrar que o Rio de Janeiro é o terceiro maior colégio eleitoral do Brasil, segundo o Tribunal Superior Eleitoral (TSE), e a unidade da federação em que a transição religiosa se encontra em fase mais avançada. Ou seja, é o estado brasileiro com a maior proporção de evangélicos, sobretudo nas áreas periféricas onde os pentecostais são a esmagadora maioria.

Presididas desde 2010 pelo Pastor Silas Malafaia, as igrejas da ADVEC se concentram na região metropolitana do estado, especialmente na região Norte (Brás de Pina, Meier e Penha), baixada fluminense (Bonsucesso, Olaria e Ramos) e outros locais pobres, como São Gonçalo, Pavuna e Realengo. Poucos templos ficam na área nobre das zonas Oeste (Barra da Tijuca) e Sul (Copacabana). É o retrato do padrão pentecostal brasileiro: prefere áreas urbanas periféricas com altos índices de vulnerabilidade social.

Os resultados dos modelos estatísticos são reveladores. Nos locais de votação próximos das ADVEC, o candidato do PT em

A RELIGIÃO DISTRAI OS POBRES?

2018, Fernando Haddad, foi fortemente penalizado pelos eleitores que compareceram para votar. Em outras palavras, o candidato petista perdeu mais votos nos locais de votação situados nas regiões com predominância de fiéis da ADVEC. O mais interessante é que esse efeito se torna mais evidente à medida que a distância entre o local de votação e os templos dessa denominação pentecostal diminui. Por exemplo, quando havia uma distância de, no máximo, 5 km entre uma filial da ADVEC e um local de votação, o candidato do PT experimentou um decréscimo médio de 8 pontos percentuais em votos válidos.

Esses resultados, contudo, devem ser tomados com cautela. Ainda são estimativas. Evidências imperfeitas de que os pastores pentecostais exercem influência sobre o voto dos eleitores de baixa renda. Como os dados geolocalizados não têm correspondência perfeita com os códigos dos locais de votação, podem existir outras igrejas pentecostais no mesmo CEP. Há ainda a possibilidade de falácia ecológica — interpretações estatísticas de dados em que inferências sobre a natureza individual são deduzidas a partir de um grupo ao qual o indivíduo pertence, um conceito descrito por W. S. Robinson (1950) em seu artigo seminal *Ecological Correlations and the Behavior of Individuals* publicado na *American Sociological Review.*

Embora seja um desafio hercúleo fazer suposições acerca das possíveis variáveis não consideradas nesta análise, além de, talvez, contraproducente, é viável mitigar a suspeita de falácia ecológica. Desta vez, quem vai para a lâmina do microscópio são os membros da Igreja Universal do Reino de Deus (IURD) em duas eleições presidenciais brasileiras (2010 e 2014). Ela é ainda maior que a ADVEC, com quase 2 milhões de fiéis espalhados por 12 mil templos no Brasil — além de estar presente em mais de 100 países da América Latina, Europa e África —, mas esta não é sua única peculiaridade.

Assim como outras igrejas de tradição neopentecostal, essa denominação possui características peculiares que a distinguem das igrejas pentecostais clássicas, como descreve Ricardo Mariano em "Neopentecostais: sociologia do novo pentecostalismo no Brasil" (1999). As principais são a forte orientação para a Teologia da Prosperidade, corrente da teologia evangélica que defende que a bênção financeira é o desejo de Deus para os cristãos, e menor apelo às questões morais. Por exemplo, seu líder, Edir Macedo, defendeu abertamente a descriminalização do aborto. Além disso, em 2010 e 2014, a Igreja declarou publicamente apoio à candidatura da petista Dilma Rousseff ao Palácio do Planalto. Portanto, a rejeição ao PT entre seus membros deveria ser menor — hipótese que se confirma com os dados do ESEB. A renda, e não o conservadorismo moral, pautou a decisão dos eleitores da IURD nas eleições presidenciais de 2010 e 2014.

O único problema é que esse tipo de análise é limitada, porque nas pesquisas do ESEB todos os indivíduos são entrevistados em um único ponto do tempo. Assim, os dados não permitem estimar o efeito exógeno do pentecostalismo (ou, mais especificamente, da conversão ao pentecostalismo) sobre a mudança nas preferências dos indivíduos. Em bom português: a religião altera a percepção moral que os eleitores de baixa renda têm sobre candidatos de esquerda? Ou quem faz a transição religiosa já tinha tendências bastante conservadoras, apenas potencializadas pela convivência nos templos pentecostais?

Entre os anos de 2002 e 2004, foi conduzida uma pesquisa que pode jogar luz sobre essa zona cinzenta. Os mesmos indivíduos foram entrevistados seis vezes, em sucessivas rodadas da pesquisa executadas entre Março de 2002 e Outubro de 2004 nas cidades de Caxias do Sul (RS) e Juiz de Fora (MG). Os dados em painel, originalmente coletados e sistematizados pelos cientistas políticos Andy Baker, Barry Ames e Lucio Rennó (2006) na revista *American Journal of Political Science* para investigar a volatilidade das preferências partidárias no período entre eleições, também mostram que, ao todo, 74 dos cerca de 2.000 indivíduos entrevistados se converteram ao pentecostalismo.

Uma das perguntas do questionário era: "O que é mais importante em um (a) candidato (a) a cargo eleitoral? Que ele ou ela seja competente, mesmo que pouco honesto (a) ou que ele ou ela seja honesto (a), mesmo que pouco competente". Uma segunda questiona se o entrevistado "acha que o Lula é muito honesto, honesto, pouco honesto ou nada honesto". Além disso, o questionário contém características dos entrevistados, desde

Figura 2.1. Percepção moral dos indivíduos antes (2002) e depois (2004) da conversão ao pentecostalismo

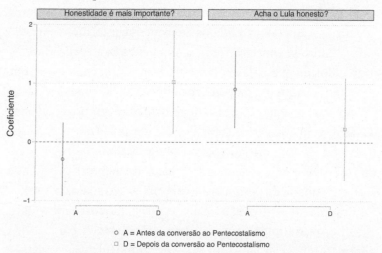

Nota: Figura elaborada pelo autor com dados da pesquisa Two-City, Six-Wave Panel Survey, Brazil. No painel à esquerda, coeficientes acima da linha pontilhada indicam uma maior probabilidade de se acreditar que a honestidade importa mais do que a competência dos políticos. No painel à direita, coeficientes acima da linha pontilhada indicam uma maior probabilidade de se considerar o Lula um político honesto.

idade, raça e nível educacional até status ocupacional, preferência partidária e percepção da economia, que podem predizer suas preferências individuais. Tudo isso ajuda a responder se as lideranças pentecostais realmente conseguem mobilizar seus fiéis contra candidatos de esquerda fazendo uso de argumentos morais, amparados por preceitos bíblicos e teológicos.

Os resultados indicam que os indivíduos valorizam menos a honestidade dos candidatos antes da conversão ao pentecostalismo. Antes de realizar a transição religiosa neste sentido, a perspectiva de apoiar um político honesto e incompetente tende a ser rejeitada, o que indica uma mudança na percepção. Além disso, quando comparados aos fiéis de outras religiões, a chance de um pentecostal convertido optar pela honestidade em detrimento da competência do candidato é cerca de três vezes maior.

O pentecostalismo também afeta o modo como os eleitores julgam o caráter dos candidatos de esquerda, informam os resultados. Antes da conversão, existia uma clara percepção entre os indivíduos de que Lula era honesto. Depois, no entanto, há um substantivo aumento da percepção de desonestidade deste candidato. Vale ressaltar que esse efeito ocorre apesar dos esquemas de corrupção que vieram à tona meses depois, já que o esquema do Mensalão foi noticiado pela primeira vez no dia 14 de maio de 2005 pela *Revista Veja*, praticamente doze meses depois que a última rodada da pesquisa foi conduzida, em maio de 2004.

Embora os dados não sejam representativos para todo o Brasil e, portanto, não podem ser extrapolados para outros contextos, não é exagero afirmar que a mudança na percepção moral dos indivíduos é um efeito da mobilização promovida nas igrejas pentecostais. O indivíduo antes e depois da conversão não é o mesmo, sugerindo que a estratégia eleitoral do moralismo tende a ser eficaz.

3. PERCEPÇÃO DA ECONOMIA VERSUS CONSERVADORISMO MORAL: O QUE IMPORTA MAIS NA HORA DE VOTAR?

Na corrente filosófica do existencialismo, o ser humano nasce uma tábula rasa. Antes de tomar qualquer decisão, não é nada. Vai se moldando a partir das suas escolhas. Neste jogo, o pessoal entra em conflito com o que é dos outros, esculpindo uma identidade por meio de coincidências e diferenças. Não à toa, a preferência partidária, assim como a rejeição de legendas, são determinantes no reconhecimento do "eu" e do "outro". Ou seja, quem as pessoas são, ou quem querem ser, afeta a maneira como elas votam.

A falta de afinidade psicológica com algum partido, o antipartidarismo, parece ser crucial para o resultado das eleições em algumas democracias — e o fenômeno aparenta ter encontrado morada permanente no Brasil, mostram os cientistas políticos David Samuels e Cesar Zucco (2018). Cerca de 40% dos eleitores usam o PT como referência na hora de votar, sendo a antipatia o melhor preditor do voto desses eleitores para os quais a ideia de apoiar a legenda é inaceitável. O famoso antipetismo.

O que estaria por trás da rejeição ao PT nas urnas e do sentimento de antipatia ao PT? Por que esse posicionamento constitui parte tão decisiva da identidade dos eleitores brasileiros?

Figura 3.1. Sentimento de antipatia em relação ao PT entre os eleitores brasileiros

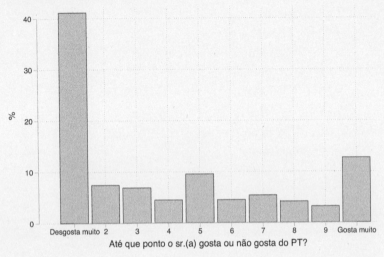

Nota: Figura elaborada pelo autor com dados do Barômetro das Américas (LAPOP, 2019).

Embora o antipetista costume ser descrito pela literatura como um sujeito branco, escolarizado, pertencente às classes médias e altas e que teria aderido ao antipetismo após sucessivos escândalos de corrupção, o pentecostalismo explica parte importante da rejeição ao PT nas eleições presidenciais. Entre 2002 e 2018, os eleitores evangélicos pentecostais foram quase sempre menos propensos a votar nos candidatos petistas. Nas eleições de 2018, por exemplo, a probabilidade de um evangélico pentecostal votar no PT foi 55% menor na comparação com outros grupos religiosos, mostram dados do Barômetro das Américas (LAPOP).

E isso acontece porque os evangélicos pentecostais são mais conservadores na dimensão moral, se comparados com outros religiosos. Para exemplificar essa questão, podemos analisar como os indivíduos filiados aos mais diversos grupos religiosos se posicionam em relação ao aborto, um tema controverso e permeado por juízos de natureza moral e de valor. No senso comum, evangélicos e católicos costumam ser tratados como iguais no que se refere à questão de aborto. Dentro dessa lógica, a maioria dos indivíduos de ambos os grupos seria contrária ao aborto mesmo nas situações em que a vida da mãe está em risco. Os dados, no entanto, contrariam essa percepção da realidade. No mundo real, evangélicos históricos e católicos são mais progressistas em relação ao aborto, em claro contraste com os evangélicos pentecostais, o grupo mais conservador na comparação com as outras religiões praticadas no Brasil.

Os eleitores desse grupo, influenciados por lideranças eclesiásticas que atuam como cabos eleitorais, tenderiam a rejeitar o PT nas urnas por acreditar que este partido personifica uma

Figura 3.2. Aprovação do aborto nas situações em que a vida da mãe está em risco por filiação religiosa

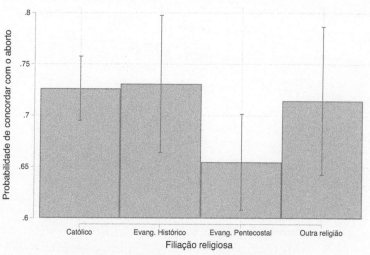

Nota: Figura elaborada pelo autor com dados do Barômetro das Américas (LAPOP, 2019).

agenda de flexibilização dos valores morais, costumeiramente associada aos partidos políticos de esquerda. O antipetismo se materializaria, então, como exemplo da atuação de pastores evangélicos como *brokers* altamente influentes. Há, porém, muitas hipóteses sobre qual seria a fonte da rejeição ao partido de esquerda de maior expressão eleitoral no Brasil.

Os dados do LAPOP de 2002 a 2019 permitem explorar algumas delas. Em primeiro lugar, as evidências indicam que não há uma alta correlação entre os eleitores que percebem a corrupção como principal problema do país e a probabilidade de votar no PT. O suposto ultraje em relação aos escândalos do

Figura 3.3. Determinantes do voto no PT nas eleições presidenciais (2002-2006)

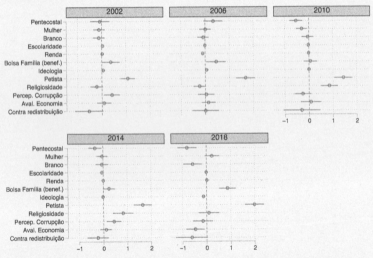

Nota: Figura elaborada pelo autor com dados do Barômetro das Américas (LAPOP, várias rodadas da pesquisa). Coeficientes à esquerda da linha pontilhada indicam uma menor probabilidade de voto no PT, enquanto os coeficientes à direita da linha pontilhada indicam uma maior probabilidade de voto no PT.

A RELIGIÃO DISTRAI OS POBRES?

Mensalão, Petrolão e outros não parece afetar tanto o nível de antipatia ou simpatia como se esperava. Da mesma forma, os resultados refutam a hipótese de que a rejeição seria resultado da má condução da economia nas gestões petistas. Apenas nas eleições de 2018, quando o partido já não era governo, parece ter existido uma correlação negativa entre as duas variáveis.

Por fim, os dados apontam que o fato de alguém ser contrário à redistribuição de renda não exerce qualquer influência sobre a probabilidade de voto na legenda. Se dissolve o lastro da teoria da antipatia das classes médias escolarizadas por conta de algum ressentimento. Então, características de nível individual, passando pela renda até a avaliação da economia, explicam de forma no mínimo inconsistente a rejeição ao partido durante as disputas presidenciais entre 2002 e 2018. Ou seja, embora, as classes médias — indivíduos assumidamente contrários às políticas de inclusão social e redistribuição de renda — tenham passado por relativa perda de renda durante os governos do PT, como descreve a cientista política Marta Arretche (2018), os eleitores desses grupos não deixaram de votar na legenda nem se tornaram necessariamente antipetistas.

Por outro lado, os dados da pesquisa tendem a corroborar a hipótese do voto moral religioso. Em geral, a filiação pentecostal está associada a uma redução significativa na probabilidade de voto no PT nas eleições presidenciais brasileiras. Já em 2010, eleitores pentecostais tinham 41% menos chance de escolher a então candidata Dilma Rousseff na comparação com outros grupos religiosos. A rejeição ao partido alcançou seu maior nível em 2018, quando a probabilidade de voto no PT foi 55% menor entre os eleitores evangélicos pentecostais. Destaca-se que o sentimento identitário tende a ser muito mais perene que a percepção de desempenho da economia do país ou existência de corrupção estatal, que podem mudar no curto prazo, a depender das políticas econômicas adotadas e a presença de escândalos na mídia. As preferências morais dos indivíduos, por outro lado, são mais estáveis, informando as posições políticas tanto no curto como no longo prazo.

Não é apenas o LAPOP que sugere a tendência de rejeição da esquerda pelos pentecostais. A cientista política Simone Bohn (2004) já apontava para a forte resistência sofrida pelo então candidato Lula entre os evangélicos em 2002. Ari Pedro Oro e Ricardo Mariano documentaram, em 2010, um padrão semelhante nas eleições daquele ano, assim como fizeram Vitor Peixoto e Lucio Rennó um ano depois. Na ocasião, Dilma Rousseff teria sido rejeitada pela maioria dos evangélicos por ter declarado apoio ao Projeto de Lei 122, que instituía a criminalização da homofobia.

É necessário, contudo, fazer uma importante distinção: os eleitores antipetistas não votam no PT, mas nem todos os que não votam no PT são antipetistas. Ou seja, é possível que a rejeição ao partido nas urnas seja apenas um resultado do processo de mobilização de bases durante as eleições. Neste caso, os pentecostais não são necessariamente antipetistas: poderiam rechaçar a legenda nas urnas mesmo sem nutrir um sentimento profundo de antipatia.

Nas rodadas de 2017 e 2019 do LAPOP, há uma pergunta que permite investigar esse (des)afeto: "Até que ponto o sr. (a) gosta ou não gosta do PT?". Em seguida, a mesma questão foi usada para medir os sentimentos dos entrevistados em relação ao PSDB, o partido que polarizou com o PT praticamente todas as disputas pela Presidência da República entre 1994 e 2018. Se é verdadeira a hipótese de que os pentecostais punem a esquerda progressista nas urnas, partidos que não costumam ser identificados como defensores da flexibilização de valores morais — como um dos maiores representantes do que o Brasil enxerga como direita do espectro político — deveriam sofrer menos resistência por parte desse eleitorado. Comparando o nível de simpatia de brasileiros votantes ao PT e ao PSDB, o que se revela?

Em consonância com a análise anterior dos dados do LAPOP, os dados mostram que a percepção de corrupção por esse eleitorado não afeta o nível de antipatia ou simpatia pelo PT. Contrariando o senso comum, na verdade, a percepção de aumento da corrupção tende a afetar apenas o PSDB. Da mesma forma, os resultados aferidos refutam a hipótese de que o sentimento de antipatia em relação à esquerda seria resultante da má condução da economia durante os governos petistas. Isso também vale para a direita, um resultado esperado dado que o PSDB ocupou a presidência pela última vez em 2002 (muito antes da realização das duas rodadas do LAPOP utilizadas para a análise). Curiosamente, o indivíduo que é contrário à redistribuição de renda tem mais chances de não gostar do PSDB. No caso do PT, não há qualquer associação entre a preferência por políticas redistributivas e o quanto os eleitores gostam da legenda, apesar de haver alguma evidência de que pessoas mais ricas e escolarizadas tendem a gostar menos do PT.

Três *strikes*. A tríade do senso comum do antipetismo não se sustenta firmemente. No entanto, as baterias do LAPOP corroboram a hipótese de que a filiação pentecostal está associada ao aumento da antipatia pelo PT. Na comparação com os católicos, por exemplo, os eleitores desse segmento religioso tendem a gostar menos dessa legenda. Em relação à média de toda a amostra da rodada de 2017, a avaliação do PT cai 11% entre pentecostais. Dois anos depois, na rodada seguinte, houve uma queda média de 9% no nível de simpatia deste grupo em relação ao partido. Enquanto isso, no caso do PSDB, os entrevistados com filiação pentecostal responderam de forma relativamente positiva. No limite, isso significa que pertencer a essa religião não se traduz em antipatia à direita. Sugere ainda que o antipetismo observado entre os eleitores desse segmento religioso não parece se desdobrar em um sentimento antipartidário generalizado, que alcançaria outros partidos tradicionais do sistema político brasileiro. A questão é pessoal, no nível dos afetos.

Interessante notar que os resultados observados entre o grupo dos protestantes chamados históricos (Batista, Calvinista, Luterano, Metodista, Presbiteriano) e dos que professam outras religiões, ou não possuem nenhum credo, não são significantes. Isso indica que, ainda que possa existir algum nível de antipatia ao PT nesses outros grupos religiosos, esse sentimento é muito menos intenso e, exatamente por isso, menos perceptível nas estatísticas.

Resumo da obra: existe um ambiente mais favorável para o florescimento do antipetismo nas igrejas evangélicas pentecostais. Em conjunto, as evidências mostram que a rejeição enfrentada pelo PT nas eleições presidenciais também é, contraditoriamente, um sentimento de antipatia ao partido que melhor representa os interesses econômicos dos evangélicos pentecostais, eleitores majoritariamente de baixa renda e habitantes das áreas periféricas dos grandes centros urbanos

A ideia comum que permeia a literatura é que o eleitor se orienta prioritariamente por um cálculo econômico do voto, mas este grupo está aí para provar que não é tão simples assim. "De nada vale a riqueza no dia da ira divina, mas a retidão livra da morte", Provérbios 11:4; "Ninguém pode servir a dois senhores; pois odiará um e amará o outro, ou se dedicará a um e desprezará o outro. Vocês não podem servir a Deus e ao Dinheiro", Mateus 6:24; "A boa reputação vale mais que grandes riquezas; desfrutar de boa estima vale mais que prata e ouro", Provérbios 22:1; "Melhor é o pouco do justo do que a riqueza de muitos ímpios", Salmos 37:16. Na Bíblia, a moral e os bons costumes são mais valorizados que o dinheiro. Não é de se estranhar que o conservadorismo moral possa vir antes nas urnas também.

A RELIGIÃO DISTRAI OS POBRES?

Tomando como exemplo o Bolsa Família (PBF), programa de transferência condicional de renda, é costume presumir que seus beneficiários tenderiam a votar no PT, seu pai-fundador, em virtude dos ganhos em bem-estar advindos da redistribuição de renda. Inclusive, o ano de 2006 foi marcado pela reeleição de Lula mesmo após a revelação do Mensalão, fenômeno que muitos atribuem à implementação do programa em 2004. De um lado, um vultoso esquema de pagamentos a parlamentares para votar a favor de projetos importantes para o governo. Do outro, impactos positivos sobre o mercado de trabalho local, aumento do consumo de alimentos e redução da pobreza e da mortalidade infantil. No meio, Lula com 60,83% dos votos válidos no segundo turno.

Figura 3.4. Relação entre pentecostalismo e retorno eleitoral do Bolsa Família nas eleições presidenciais (2006-2018)

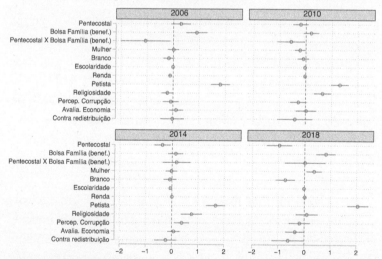

Nota: Figura elaborada pelo autor com dados do Barômetro das Américas (LAPOP, várias rodadas da pesquisa). Coeficientes à esquerda da linha pontilhada indicam uma menor probabilidade de voto no PT, enquanto os coeficientes à direita da linha pontilhada indicam uma maior probabilidade de voto no PT.

VICTOR ARAÚJO

Em um artigo de referência publicado na revista *Latin American Politics and Society*, Wendy Hunter e Timothy Power (2007) argumentam que o efeito do Bolsa Família sobre o bem-estar dos mais pobres foi fundamental para a reeleição do então candidato Lula naquele ano. Afinal, as eleições de 2006 foram memoráveis pela expansão do PT entre os eleitores mais pobres e com menor educação formal. Na mesma linha, o programa aparece em muitos trabalhos como decisivo no processo de transformação da região Nordeste em um reduto petista nas eleições presidenciais. O fator Bolsa Família briga de igual para igual com o fator crescimento econômico como protagonista na escolha de eleitores de baixa renda em 2006, tendo efeitos notórios ainda nas eleições de 2018, mais de uma década após o lançamento do programa.

Só que a presunção de que todos os beneficiários desta política redistributiva tendem a se tornar petistas convictos ignora os possíveis efeitos do conservadorismo moral e de outras dimensões que afetam as preferências individuais e a identidade. Para os pentecostais, o aumento da renda viabilizado pelo Bolsa Família entra em conflito direto com a avaliação de que o PT apoia políticas progressistas que vão contra os valores morais preconizados pelos líderes e membros deste grupo. Assim, o retorno eleitoral do programa entre eles deveria ser menor.

E é. Analisando os mesmos dados do LAPOP em sucessivos anos eleitorais, os resultados informam que os beneficiários do Bolsa Família filiados às igrejas pentecostais são menos propensos a votar no PT do que os beneficiários de outras religiões. Nas eleições de 2006 e 2010 — dois e seis anos após o programa ser implementado, respectivamente —, os eleitores de baixa renda que frequentam igrejas pentecostais puniram o partido nas urnas mesmo sendo beneficiários do programa.

A RELIGIÃO DISTRAI OS POBRES?

Já nos pleitos de 2014 e 2018, a estatística não é significante, sugerindo que ser contemplado pelo benefício não foi suficiente para convencer os evangélicos pentecostais mais pobres a votar no PT nas eleições presidenciais. A lógica econômica do voto, portanto, não prevalece em todos os segmentos eleitorais. Isso não significa que esse segmento do eleitorado não responda a incentivos de renda, mas que outros valores podem ser preponderantes no processo decisório do voto. Muito diferente de irracionalidade, é uma lógica complexa que envolve conflito interno, externo e, por que não, existencial.

Essa chave interpretativa permite explicar o crescimento do antipetismo em anos recentes. Nas eleições de 2018, os eleitores evangélicos pentecostais representavam, na pior das hipóteses, cerca de 20% do eleitorado brasileiro, um aumento de dez pontos percentuais em relação às de 1989. Nenhum outro país do mundo está passando por uma transição religiosa dessa magnitude. Não por acaso, os dados indicam aumento da rejeição ao PT em anos recentes.

A hipótese encontra respaldo, também, fora do Brasil. Alguns estudos dos Estados Unidos mostram, por exemplo, que parte da rejeição que o Partido Democrata enfrenta nas eleições presidenciais é decorrente do conservadorismo moral mais saliente em alguns estratos da população, sobretudo os frequentadores das igrejas evangélicas. Evidências recentes sugerem, inclusive, que o fator "religião" seria mais importante para explicar o voto nas disputas estadunidenses para presidente do que a ideologia político-partidária dos eleitores.

Na mesma direção, as evidências com base nas rodadas do LAPOP sugerem que o antipartidarismo no Brasil não é explicado apenas por fatores conjunturais, como percepção de corrupção e má gestão da economia do país. O antipetismo parece ser um fenômeno mais complexo do que anteriormente enunciado pela literatura e guarda relação com o modo como as preferências morais se refletem na decisão sobre o voto.

Não está claro ainda se a rejeição dos pentecostais ao PT se revela nas eleições para outros cargos eletivos. Também não quer dizer que a antipatia à esquerda no Brasil esteja restrita ao grupo dos evangélicos pentecostais: esse sentimento de oposição irrestrita possui lastro em outros segmentos da sociedade brasileira e se correlaciona com formas diferentes de conservadorismo. Mas tratar o fenômeno como se fosse restrito às elites brancas com alto nível de instrução simplifica algo complexo em sua essência. Como a maioria dos pentecostais reside na periferia dos grandes centros brasileiros, ocupa o mercado de trabalho informal e recebe até dois salários-mínimos, quem rejeita a esquerda nas urnas é menos branco, rico e escolarizado do que o sugerido anteriormente. Pentecostais são mais antipetistas que qualquer madame.

A categoria "evangélicos" esconde heterogeneidades importantes, ainda ignoradas por muitos especialistas do caso brasileiro. E no atual cenário de intensa polarização em que a variável "religião" vem ganhando mais centralidade no debate político — especialmente em um país onde as três últimas eleições foram definidas pela oposição ao PT e à esquerda —, estabelecer pontes com esse segmento do eleitorado nunca foi tão importante. Na constituição existencialista do "eu" de um partido de esquerda e de seus apoiadores, os pentecostais precisam deixar de ser o "outro".

4. AFINAL, COMO A RELIGIÃO AFETA O VOTO NO BRASIL?

Com um panorama de quase duas décadas, ficou claro que os evangélicos pentecostais são parte importante da porção do eleitorado que tende a não votar no PT em eleições presidenciais. Também se fez evidente que, embora essa escolha pareça contraintuitiva, a racionalidade econômica não é a única que está em jogo quando se trata da escolha do próximo líder do país. Os dados estão aí, a pintura está esboçada, o jogo está dado, os dados foram lançados, o lance está armado — sobram metáforas. Mesmo assim, parte da sociedade brasileira assistiu atônita ao crescimento de Jair Bolsonaro durante o pleito de 2018.

Considerado *outsider* antes das eleições, apesar das quase três décadas como deputado federal, e tido por muitos como opção inviável devido às suas posições políticas extremas, o candidato conseguiu canalizar o apoio de parte substantiva da oposição ao PT, rompendo com a polarização marcante contra o PSDB nas disputas presidenciais desde 1994. Em geral, os municípios onde essa legenda foi bem votada em 2006, 2010 e 2014 foram também aqueles onde o então candidato do PSL recebeu uma votação expressiva nas eleições de 2018. Ou seja, as bases territoriais eleitorais se confundem.

O resultado vai ao encontro da pesquisa etnográfica realizada por Isabela Kalil, coordenadora do Núcleo de Etnografia Urbana e Audiovisual (NEU) da Fundação Escola de Sociologia e Política de São Paulo. Mais de 1000 entrevistas realizadas durante protestos entre 2013 e 2018 sugerem 16 diferentes perfis de eleitores de Bolsonaro, indicando principalmente que o candidato de extrema-direita foi capaz de capturar o apoio da porção antipetista do eleitorado que havia votado em candidatos do PSDB em eleições anteriores. Portanto, "a questão mais importante a respeito da tipificação dos eleitores é a de que não existe o 'eleitorado de Bolsonaro' como a caracterização de um grupo social específico", escreve a autora. Não apenas a religião se mostra como um preditor do voto, como também uma poderosa clivagem eleitoral a ser explorada.

Uma característica fundamental da variável religião é a sua distribuição não uniforme. As populações de estados e municípios brasileiros variam substantivamente no que se refere à composição dos grupos religiosos. Como já foi discutido no Capítulo 1, evangélicos pentecostais se concentram em grandes centros urbanos, como São Paulo, Rio de Janeiro, Salvador e Recife, e vivem predominantemente em áreas mais pobres. Já as igrejas evangélicas históricas se concentram nos estados da região Sul, mas também contam com "ilhas" de seguidores espalhadas pelo território brasileiro. Espírito Santo, Roraima e o Distrito Federal são alguns exemplos. O interior do Nordeste, por sua vez, é um reduto católico, o que explica, em boa medida, a resiliência eleitoral do PT nesta região.

Essa heterogeneidade religiosa afeta diretamente a distribuição de votos no território brasileiro nas eleições presidenciais. O PT é o partido de esquerda que parece sofrer mais com a

A RELIGIÃO DISTRAI OS POBRES?

mobilização pelo pentecostalismo de eleitores de baixa renda. Os municípios brasileiros com maior concentração de católicos preferiram a legenda em todas as eleições neste período. Em contraste, quanto maior a proporção de evangélicos pentecostais, menor o apoio eleitoral aos candidatos petistas. É o que mostram os dados do IBGE, desagregados por município. A partir dos censos de 2000 e de 2010, que contavam com categorias de filiação religiosa como "Espíritas", "Umbandistas e candomblecistas", "Sem religião", "Católicos", "Evangélicos pentecostais" e "Evangélicos históricos", foi possível cruzar informações com o voto no PT de 2006 a 2018. Em 2014, por exemplo, cada ponto percentual a mais de

Figura 4.1. Proporção de evangélicos pentecostais nos municípios brasileiros e voto no PT nas eleições presidenciais (2006-2018)

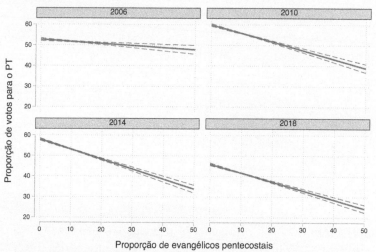

Nota: Figura elaborada pelo autor com dados do Tribunal Superior Eleitoral (TSE) e do Instituto Brasileiro de Geografia e Estatistica (IBGE). A figura mostra que a proporção de votos para o PT nas eleições presidenciais diminui à medida que a proporção de evangélicos pentecostais aumenta nos municípios brasileiros.

evangélicos pentecostais em um município brasileiro significou uma diminuição média de quase meio ponto percentual nos votos para o PT. Resultados similares aparecem nas eleições de 2006, 2010 e 2018, o que sugere um padrão consistente do eleitorado pentecostal. Em outras palavras, não foi só quando Jair Bolsonaro surgiu no jogo eleitoral que o PT ficou de escanteio entre membros desse grupo religioso.

Enquanto isso, os dados sugerem uma associação positiva entre a concentração de evangélicos históricos e a proporção de votos para o PT nas disputas presidenciais. Nas eleições de

Figura 4.2. Proporção de evangélicos históricos nos municípios brasileiros e voto no PT nas eleições presidenciais (2006-2018)

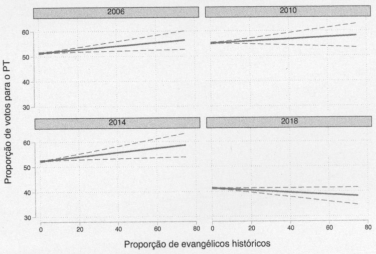

Nota: Figura elaborada pelo autor com dados do Tribunal Superior Eleitoral (TSE) e do Instituto Brasileiro de Geografia e Estatística (IBGE). A figura mostra que a proporção de votos para o PT nas eleições presidenciais tende a ser maior nos municípios com maior concentração de evangélicos históricos; a eleição de 2018 foi uma exceção a esta "regra", quando foi possível observar uma ligeira desvantagem para o candidato do PT nos mesmos locais.

Figura 4.3. Proporção de católicos nos municípios brasileiros e voto no PT nas eleições presidenciais (2006-2018)

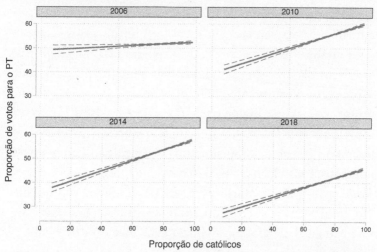

Nota: Figura elaborada pelo autor com dados do Tribunal Superior Eleitoral (TSE) e do Instituto Brasileiro de Geografia e Estatistica (IBGE). A figura mostra que a proporção de votos para o PT nas eleições presidenciais aumenta à medida que a proporção de católicos aumenta nos municípios brasileiros.

2006, 2010 e 2014, a maior concentração desse grupo no nível municipal esteve associado ao aumento de votos para os candidatos do PT, embora o nível de associação entre estas duas variáveis seja modesto.

Em 2018, a estimativa sugere um efeito negativo, porém indistinguível de zero — o que significa que nenhuma conclusão definitiva pode ser extraída desse resultado.

Na outra direção, à medida que cresce o contingente de católicos em um dado município, cresce também o apoio eleitoral à maior legenda de esquerda do Brasil. Esse padrão também é consistente em todas as eleições presidenciais entre

2008 e 2018. Em 2018, por exemplo, para cada acréscimo de um ponto percentual no contingente de católicos, o PT obteve um incremento médio de 0,2 pontos percentuais em sua proporção de votos válidos.

A análise de votos por filiação religiosa é um *insight* para os efeitos da transição religiosa, já em andamento acelerado, sobre o comportamento eleitoral. Apesar dos católicos ainda serem maioria na maior parte dos municípios, o grupo dos indivíduos que se declaram evangélicos cresce de forma acelerada no Brasil — impulsionados predominantemente pelos pentecostais. O Censo de 2010 mostrou, pela primeira vez na história do país, maioria evangélica em alguns municípios. Do total de 49 (0.88% do total de municípios existentes naquele ano), 27 tinham maioria evangélica tradicional e 22 tinham maioria evangélica pentecostal. Enquanto o primeiro grupo pode ser explicado pelo trabalho missionário entre os imigrantes de origem europeia que se estabeleceram no Rio Grande do Sul e Santa Catarina, o segundo é resultante da expansão evangélica nas áreas mais urbanizadas de São Paulo e Rio de Janeiro. Está previsto que o Brasil passe a ter maioria evangélica tão cedo como 2030, mas já é possível observar o efeito dinâmico dessa transição religiosa comparando o desempenho eleitoral do PT nos municípios que passaram por crescimento evangélico com aqueles onde houve incremento do segmento católico.

Não por acaso, as cidades onde o PT teve melhor desempenho eleitoral foram aquelas onde a população católica se multiplicou. Este resultado aparece nas eleições de 2010, 2014 e 2018. Na média, para cada ponto percentual de crescimento católico, o PT obteve um aumento de cerca de 2,36 pontos percentuais nas eleições de 2010 — proporção que subiu para 2,47 em 2014 e se manteve no mesmo patamar em 2018. Um padrão

A RELIGIÃO DISTRAI OS POBRES?

parecido, embora muito mais modesto, pode ser observado entre os municípios que experimentaram crescimento do grupo evangélico histórico. Para cada ponto percentual de crescimento dos evangélicos históricos entre 2000 e 2010, o PT obteve um aumento de cerca de meio ponto percentual em 2010 e 2014. Um efeito um pouco maior, próximo de 1 ponto percentual, ocorreu em 2018. No entanto, quando o assunto são os evangélicos pentecostais, houve crescimento nulo da legenda nas localidades que tiveram incremento desse grupo entre 2000 e 2010. Isso significa que o crescimento pentecostal opera como uma barreira natural ao bom desempenho dos partidos e candidatos de esquerda nas eleições presidenciais.

Outra forma, talvez ainda mais rigorosa, de analisar o efeito da dinâmica religiosa sobre o comportamento eleitoral é observar o desempenho eleitoral do PT em municípios que já completaram a transição religiosa em 2010. Além disso, usando uma série de características de nível municipal, como expectativa de vida, taxa de fertilidade, taxa de mortalidade, expectativa de anos de estudo, desigualdade de renda, taxa de pobreza, população no mercado de trabalho formal, entre outros, é possível encontrar municípios equivalentes aos que completaram a transição religiosa — um recurso metodológico que permite isolar o efeito da transição religiosa, pois os municípios comparados são similares em todas as dimensões que podem ser observadas exceto a religião.

Os resultados mostram que, nos municípios com maioria evangélica pentecostal, há uma substantiva desvantagem eleitoral dos candidatos do PT nas eleições presidenciais. Em 2010, na comparação com os municípios de características similares, a legenda recebeu 7,2 pontos percentuais de votos a menos nestas localidades com transição completa. A estatística se repete quatro anos depois, quando a votação do PT foi

7,49 pontos percentuais menor onde havia maioria pentecostal. A desvantagem foi ainda maior em 2018, quando a votação do partido de esquerda foi 14,57 pontos percentuais menor nos municípios majoritariamente pentecostais.

Como nas outras análises, os municípios com maioria evangélica histórica têm um comportamento eleitoral menos estável. Em 2010, na comparação com outros municípios com características similares, a votação do PT foi 6,13 pontos percentuais menor. Só que nas eleições de 2014 e 2018 houve menor rejeição ao partido nessas localidades. Assim, o padrão consistente de desvantagem eleitoral do PT onde há maioria pentecostal contrasta com a menor rejeição nos locais onde os evangélicos históricos são maioria.

Em geral, variáveis socioeconômicas não são aleatoriamente distribuídas. O crime, por exemplo, tende a ser circunscrito às áreas mais pobres com menor presença do Estado, então mapear locais com alta concentração de criminalidade permite identificar as regiões vizinhas potencialmente afetadas pelas externalidades negativas do crime (fenômeno conhecido como "efeitos de vizinhança" ou *spillover effects*). Polos industriais costumam se desenvolver em locais mais urbanizados e com melhor infraestrutura, então ter uma referência espacial dos setores produtivos torna possível estimar os efeitos do desenvolvimento sobre municípios e territórios vizinhos. Da mesma forma, a religião tem efeitos de vizinhança. Análises convencionais com dados agregados partem do pressuposto de que as unidades são independentes entre si, mas, no mundo real, elas costumam estar conectadas no espaço. Análises de autocorrelação espacial, também denominadas análises de clusters, permitem mapear e estimar os efeitos desse tipo de relação de vizinhança. Elas podem tanto adotar medidas de concentração global — observam padrões de interdependência entre regiões e testam o grau de correlação mútua entre regiões vizinhas — quanto medidas locais de autocorrelação — mapeiam padrões localmente heterogêneos mesmo quando uma autocorrelação global não é detectada. Essa segunda permite analisar se nos agrupamentos católicos ou evangélicos o PT recebe mais ou menos votos.

Nos mapas de calor que informam a distribuição e a concentração territorial dos três maiores grupos religiosos no Brasil, tons mais escuros de preto significam alta probabilidade de autocorrelação espacial, enquanto as áreas mais claras significam baixa probabilidade. As áreas urbanas do litoral brasileiro e estados da região Norte têm maior probabilidade de concentrar evangélicos pentecostais. Enquanto isso, o mapa que informa a distribuição dos evangélicos históricos sugere um padrão distinto. Essa filiação religiosa está concentrada na região Sul e na faixa do litoral que liga os estados do Rio de

Figura 4.4. Mapa de calor do pentecostalismo no território brasileiro

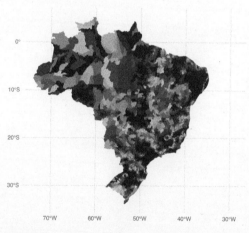

Nota: Figura elaborada pelo autor com dados do Instituto Brasileiro de Geografia e Estatística (IBGE, 2010) e do Tribunal Superior Eleitoral (TSE).

Figura 4.5. Mapa de calor do protestantismo histórico no território brasileiro

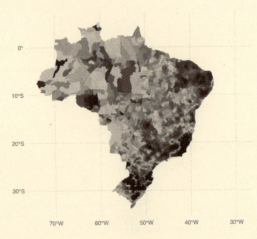

Nota: Figura elaborada pelo autor com dados do Instituto Brasileiro de Geografia e Estatística (IBGE, 2010) e do Tribunal Superior Eleitoral (TSE).

Figura 4.6. Mapa de calor do catolicismo no território brasileiro

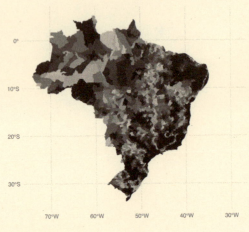

Nota: Figura elaborada pelo autor com dados do Instituto Brasileiro de Geografia e Estatística (IBGE, 2010) e do Tribunal Superior Eleitoral (TSE).

A RELIGIÃO DISTRAI OS POBRES?

Janeiro e de São Paulo, com raros agrupamentos de autocorrelação nas regiões Norte e Nordeste. Isso remete à seguinte questão: espaços territoriais dominados (clusterizados) pelo pentecostalismo são também aqueles onde os eleitores tendem a punir o PT nas urnas? Tomando as eleições de 2010 como exemplo, é possível comparar a proporção de votos válidos do PT em função da proporção de católicos e evangélicos pentecostais e históricos por região. Os resultados mostram efeitos de vizinhança da variável religião, o que significa que a distribuição de católicos e evangélicos no território brasileiro não é aleatória. Não só isso: há tanto efeitos diretos intramunicipais quanto efeitos indiretos entre municípios.

Nos municípios com maioria pentecostal, existe um claro padrão de rejeição aos candidatos do PT nas eleições de 2010, 2014 e 2018, confirmando as estimativas convencionais. Mas os resultados da análise de autocorrelação espacial também revelam um consistente efeito indireto nas áreas onde os municípios formam clusters de concentração pentecostais. Nestes locais, a votação no PT foi, na média, 0,15 ponto percentual menor em todas as eleições presidenciais entre 2006 e 2018.

Os dados referentes ao grupo evangélico histórico revelam efeitos intramunicipais mistos, também em conformidade com as evidências da análise convencional. No entanto, os efeitos entre municípios são positivos e consistentes ao longo do tempo. Na média, nas áreas com alta concentração evangélica tradicional, a votação do PT foi 0,2 ponto percentual maior entre 2010 e 2014.

O grupo dos católicos se comporta de maneira condizente com as análises anteriores: a votação do PT tende a ser maior nos municípios onde essa filiação religiosa é maioria. Entre 2010 e 2018, um acréscimo de 1 ponto percentual na população católica significou um aumento de cerca de 0,18 ponto percentual na votação da legenda. Além disso, existem efeitos de vizinhança associados ao aumento da votação do PT, embora não tenham sido decisivos nas eleições presidenciais entre 2006 e 2018.

Tudo isso significa que modelos estatísticos mais complexos baseados em análises de autocorrelação espacial confirmam os resultados de estimativas que não levam em consideração a relação de vizinhança entre os municípios, mas com o adicional de fornecerem indícios de efeitos indiretos da variável religião. As evidências indicam que os efeitos de vizinhança são mais fortes nas áreas de predominância pentecostal. Isso se traduz no fato importante de que o apoio eleitoral ao PT nos clusters católicos contrasta com uma rejeição ao partido ainda mais forte nas áreas do território brasileiro onde o pentecostalismo é predominante.

É um vislumbre do que pode ocorrer quando a transição religiosa estiver completa. O passado ajuda a aprender quais são as implicações e consequências da mudança no perfil da população brasileira, que já está acontecendo de forma acelerada.

5. CONCLUSÃO

Nas últimas décadas, o mundo passou por algumas das maiores revoluções tecnológicas da história. Apesar disso, as previsões de que a emergência do secularismo reduziria a influência das religiões nas sociedades modernas não se confirmaram. A fé continua desempenhando papel fundamental na esfera política, sendo que, em várias democracias, a igreja exerce influência direta sobre temas desde a alfabetização de crianças, passando pelo aborto, até a provisão de políticas de bem-estar social.

Não é surpresa, portanto, que o retorno de divisões religiosas nas eleições da Europa Ocidental tenha gerado uma movimentação dos partidos para se alinhar às preferências do eleitorado mais sensível a pautas morais, por exemplo. Pautar as discussões políticas em torno de temas caros à igreja já é tradicionalmente presente em democracias consolidadas, como Alemanha, Estados Unidos e Reino Unido, e agora vem ganhando cada vez mais centralidade também nas novas democracias do Leste Europeu e da África Subsaariana. Neste último caso, com forte influência das igrejas pentecostais que proliferam rapidamente no continente africano. Após uma tendência de queda, observa-se hoje um movimento de crescente influência da religião nos resultados eleitorais, sobretudo nos países marcados por forte divisão entre diferentes crenças. Poderia até chamar-se Renascimento Religioso, caso o termo não fosse tão extremamente paradoxal.

Trazendo a questão ao Brasil, numa tentativa de iluminar o debate sobre religião e política na América Latina, fica claro que pobres evangélicos pentecostais tendem a não votar em candidatos com propostas redistributivas. Em grande medida, isso pode ser explicado pelo eficiente trabalho de mobilização realizado por pastores e lideranças religiosas nas igrejas pentecostais. Concentrados nas áreas pobres urbanas, seus fiéis tendem a ser menos escolarizados, menos informados e mais conservadores do que os eleitores católicos, que constituem o núcleo de apoio dos candidatos com propostas redistributivas nas disputas presidenciais brasileiras. É um comportamento mais consistente que o dos evangélicos históricos, sendo a rejeição deste último grupo aos candidatos de esquerda consideravelmente menor na comparação com seus pares pentecostais.

As diferentes crenças também respondem de maneiras diferentes às políticas de redistribuição de renda. O voto no PT dos beneficiários católicos do Bolsa Família contrasta com sua rejeição pelos beneficiários evangélicos pentecostais. Esse grupo não costuma premiar a legenda pelo aumento do bem-estar promovido pelo programa social. Nos pleitos entre 2010 e 2018, o partido se deu melhor nos municípios que tiveram crescimento da população católica, o que explica em parte a manutenção da sua popularidade na região Nordeste e a perda de apoio nos estados da região Centro-Sul. Durante o mesmo período, o PT teve pior desempenho eleitoral nos municípios com maioria evangélica — resultado alavancado pelos

A RELIGIÃO DISTRAI OS POBRES?

municípios com forte concentração pentecostal. Não só a categoria "religioso", mas também a própria categoria "evangélico" esconde heterogeneidades importantes.

Este padrão revela que a transição religiosa acelerada no país tem efeito direto sobre a votação em legendas progressistas, já que há tendência de aumento do peso eleitoral deste grupo. Nas eleições de 2018, os evangélicos eram cerca de 30% do eleitorado total brasileiro e uma fração importante do eleitorado de baixa renda nas áreas urbanas. Além disso, as estimativas indicam que o grupo continuará crescendo nas próximas duas décadas

Apesar desses resultados, é preciso considerar outras potenciais explicações para o intrigante comportamento eleitoral dos mais pobres. Por exemplo, a pesquisa cobrindo o caso latino--americano desenvolvida por Alisha Holland (2018), professora de Ciência Política na Universidade de Harvard, mostra que os indivíduos que se sentem desamparados pelo sistema de proteção social têm menos incentivos para votar por redistribuição. De acordo com a autora, esse sentimento de "abandono social" tende a ser mais forte entre os indivíduos fora do mercado formal de trabalho, que habitam os grandes centros urbanos em condições precárias. Na mesma linha, cientistas políticos como Pablo Beramendi e Philipp Rehm (2016) mostram que, em contextos nos quais o sistema tributário é fortemente regressivo — como é o caso do Brasil e grande parte dos países da América Latina —, os eleitores pobres percebem-se taxados como ricos e tendem a não votar por redistribuição.

Giancarlo Visconti (2019) aborda outra importante dimensão relacionada ao voto dos eleitores de baixa renda. De acordo com o professor de Ciência Política da Purdue University, nos Estados Unidos, indivíduos que foram vítimas de algum crime passam a preferir candidatos com propostas ostensivas de combate ao crime. Como os pobres são mais afetados pela criminalidade, os candidatos de esquerda, geralmente mais sensíveis à agenda de direitos humanos e defensores de políticas de segurança pública de longo prazo, enfrentam dificuldades para angariar votos entre o grupo.

A autopercepção de riqueza também pode ter um papel nesta equação. Evidências recentes revelam que os indivíduos relativamente pobres que se acham mais ricos do que realmente são tendem a usar o próprio padrão de vida como referência para a redistribuição. Uma pesquisa feita em 10 países com mais de 30 mil respondentes, publicada na revista *American Economic Journal: Economic Policy*, mostra que informar os indivíduos sobre sua real condição de pobreza tende a fortalecer a ideia de que mesmo os mais pobres possuem o mínimo necessário para sobreviver, reduzindo a demanda por mais impostos para financiar a redistribuição.

São infinitas possibilidades. A conclusão de que evangélicos pentecostais tendem a não votar em candidatos de esquerda devido à mobilização em volta de pautas morais é apenas parte de uma realidade mais complexa e multifacetada. A religião é um dos mecanismos capazes de explicar a rejeição dos mais pobres a propostas eleitorais redistributivas, não o único. Embora esses mecanismos possam se sobrepor e operar de forma concomitante, a complexidade do tema nos obriga a investigá-lo separadamente.

O principal ponto é que a presunção de que a desigualdade gera pressão por redistribuição, e que eleitores são guiados pelo voto econômico, nem sempre é verdadeira. Ao mobilizar parte importante do eleitorado pobre contra os partidos de esquerda, o pentecostalismo pode reduzir a pressão por redistribuição mesmo em contextos de alta desigualdade. É claro que o pentecostalismo não é a única fonte, nem mesmo

A RELIGIÃO DISTRAI OS POBRES?

o único catalisador do conservadorismo moral. No entanto, possui importância central nas eleições devido à sua capacidade de mobilização. Pastores e líderes desse movimento não são apenas capazes, mas proficientes, em transformar o conservadorismo moral em votos.

Essa habilidade amplifica-se durante o período eleitoral. Votar exige uma capacidade não trivial de ordenamento de preferências, uma tempestade de informação — isso ainda no melhor dos casos, quando o pleito é limpo e justo —, mas isso não se traduz em igual capacidade de processamento. Todos os cidadãos ainda estão submetidos, em diferentes medidas, a restrições de tempo e cognição que agravam ainda mais a tempestade. Em primeira instância, os partidos seriam os agentes responsáveis por produzir atalhos informacionais que diminuem a complexidade do processo de tomada de decisão. Entretanto, outros atores, como pastores e lideranças religiosas, podem assumir o papel de filtrar informações necessárias para a escolha de candidatos, sobretudo em um cenário de desconfiança e descrédito de partidos e lideranças políticas.

Nestas condições, as igrejas pentecostais tornam-se um ambiente propício para o recrutamento de eleitores. A combinação de vulnerabilidade, baixo acesso à informação e conservadorismo moral permite às lideranças mobilizar fiéis contra seus inimigos nas urnas. Mesmo assumindo certa heterogeneidade nos interesses desses atores — além de orientar o voto contra a esquerda com base em argumentos morais, é também razoável assumir que a oposição desse grupo à esquerda esconde, na verdade, a defesa de interesses organizados e privilégios para suas igrejas —, o resultado tende a ser a oposição aos partidos de esquerda. Consequentemente, propostas eleitorais redistributivas ficam em segundo plano.

O fortalecimento da identidade religiosa muda a dinâmica do jogo eleitoral no país e a elite política precisa desenvolver estratégias para se adaptar. Para os partidos de direita, a vida pode até ficar mais fácil. Em geral mais orientados por políticas pró-mercado e, portanto, mais próximos do eleitorado de renda média e alta, adotar pautas morais pode significar também alcançar os eleitores conservadores de baixa renda. Assim, aglutinam, paradoxalmente, o apoio de dois tipos muito diferentes de eleitores: um primeiro composto por indivíduos de baixa renda, potenciais beneficiários das políticas com efeitos distributivos, mas que priorizam a agenda moral, e um segundo de pessoas mais ricas, em geral avessas ao aumento da taxação, e que tendem a votar contra os partidos de esquerda.

Os partidos de esquerda, por sua vez, têm como primeira opção tentar enfraquecer a pauta moral e recolocar no centro do debate a dimensão de renda. Neste caso, existe o risco de perder apoio da parcela mais conservadora do eleitorado que não segue a lógica econômica do voto. Uma segunda opção é tentar se distanciar de pautas mais progressistas que possam minar o apoio eleitoral dos pobres conservadores, mas surge o obstáculo de perder apoio entre os eleitores de renda média com maior escolaridade (bem como de parte da militância organizada e representantes de maiorias minorizadas, como negros e mulheres, mais afetadas por uma agenda conservadora moralizante).

Uma terceira opção é acirrar a polarização nas eleições, explorando a identidade religiosa do eleitorado. Por exemplo, os partidos de esquerda podem mobilizar parte do eleitorado religioso em seu favor por meio de um discurso identitário-religioso. Mas o sucesso dessa estratégia depende do crescimento de longo prazo dos grupos religiosos que rivalizam nas eleições. No caso brasileiro, mobilizar o eleitorado católico

A RELIGIÃO DISTRAI OS POBRES?

contra o eleitorado evangélico pentecostal não seria uma estratégia inteligente. Dado que este grupo será maioria já na próxima década, a consequência mais provável dessa jogada é prejuízo eleitoral futuro.

O desafio de lidar com o fortalecimento da identidade religiosa pode, portanto, ser maior para a esquerda. Afinal, essa característica do eleitorado tende a enfraquecer o voto puramente econômico e produzir resultados eleitorais aparentemente contraditórios. Em democracias, costuma-se assumir que os eleitores respondem positivamente nas urnas às políticas de aumento do bem-estar social, punindo candidatos quando sua qualidade de vida é reduzida. É o que fundamenta a ideia de *accountability* (algo como "responsabilização" ou "compromisso") vertical, ato de punir nas urnas os maus políticos democraticamente eleitos (enquanto a horizontal é a fiscalização que os órgãos de controle e a sociedade civil exercem, em períodos não eleitorais, sobre agentes públicos eleitos e não eleitos). E é aqui que você pode, na prática, transformar o Brasil num país melhor para todos, independentemente da renda, cor ou credo dos indivíduos. Quando a lógica de escolha muda, contudo, não faz sentido esperar o mesmo resultado.

Muitos atribuem a manutenção das desigualdades sociais nas democracias latino-americanas ao fato de que os eleitores respondem melhor aos apelos clientelistas dos políticos do que à melhoria na qualidade de vida promovida por políticas de caráter universalista. Os resultados apresentados neste livro sugerem uma interpretação alternativa. Transformações de natureza demográfica podem aumentar a saliência eleitoral de grupos sociais menos propensos a responder a incentivos de renda. Por isso, a manutenção da desigualdade não pode ser creditada exclusivamente à predileção dos eleitores de baixa renda por politicas clientelistas, mas também ao fato desses mesmos eleitores não considerarem a redistribuição de renda uma prioridade.

Mas o que isso significa em termos de políticas públicas? Os partidos políticos não precisam se comprometer com propostas eleitorais com potenciais efeitos distributivos. Mesmo sendo o Brasil um país com uma altíssima desigualdade de renda, os incentivos para que os políticos eleitos enfrentem esse problema tendem a ser cada vez menores. Em um contexto onde a maioria dos eleitores se orienta por temas e discussões morais, plataformas eleitorais que enfatizem o papel do Estado como agente promotor de desenvolvimento e indutor de gastos sociais tenderão a atrair uma parcela cada vez menor do eleitorado de baixa renda. Com o avanço acelerado da transição religiosa, o futuro do Brasil deverá ser de mais desigualdade e menos pressão por redistribuição de renda.

REFERÊNCIAS

ACEMOGLU, D. et al. «Democracy, redistribution, and inequality". *Handbook of income distribution*. Elsevier, vol. 2, 2015, pp. 1885-1966.

ALESINA, A.; GLAESER, E.; GLAESER, E. L. Fighting poverty in the US and Europe: a world of difference. Oxford: Oxford University Press, 2004.

ALESINA, A.; GIULIANO, P. Preferences for redistribution. *Handbook of social economics*. Elsevier, vol. 1, 2011, pp. 93-131.

ALMEIDA, R.; MONTEIRO, P. Trânsito religioso no Brasil. São Paulo em Perspectiva, São Paulo: SciELO Brasil, vol. 15, n. 3, 2001, pp. 92-100.

ALMEIDA, R. Religião e desigualdade urbana. *Interseções*. Rio de Janeiro: Universidade Estadual do Rio de Janeiro, vol. 13, n. 1, 2011, pp. 126-135.

ALMEIDA, R.; BARBOSA, R. Transição religiosa no Brasil. Trajetórias das desigualdades: como o Brasil mudou nos últimos cinquenta anos. São Paulo: Editora Unesp, 2015. pp. 335-365.

ALMEIDA, R. A onda quebrada: evangélicos e conservadorismo. *Cadernos Pagu*, Campinas, SP, n. 50, 2017. Disponível em: <https://periodicos.sbu.unicamp.br/ojs/index.php/cadpagu/article/view/8650718>. Acesso em: 20 mar. 2022.

ALVAREDO, F. et al. *World inequality report 2018*. Cambridge: Belknap Press, 2018.

ALVES, J. E. D.; CAVENAGHI, S. M.; BARROS, L. F. W. A transição religiosa brasileira e o processo de difusão das filiações evangélicas no Rio de Janeiro. Horizonte: Revista de Estudos de Teologia e Ciências da Religião, vol. 12, n. 36, 2014, pp. 1055–1085.

ALVES, J. E. D. et al. Distribuição espacial da transição religiosa no Brasil. *Tempo Social*, vol. 29, n. 2, 2017, pp. 215–242.

AMARAL, O. 2011. Ainda conectado: o PT e seus vínculos com a sociedade. *Opinião Pública*, vol. 17, n. 1, 2011, pp. 1-44.

ANSELIN, L. Local indicators of spatial association—lisa. *Geographical analysis*, Nova Jersey: Wiley Online Library, vol. 27, n. 2, 1995, pp. 93–115.

ARAÚJO, V. *A religião distrais os pobres?* Pentecostalismo e voto redistributivo no Brasil. Tese de doutorado defendida no Departamento de Ciência Política da Universidade de São Paulo, 2019.

ARRETCHE, M. Democracia e redução da desigualdade econômica no Brasil: a inclusão dos outsiders. *Revista Brasileira de Ciências Sociais*, vol. 33, n. 96, 2018.

ARRETCHE, M.; MARQUES, E. C. L.; FARIA, C. A. P. *As Políticas da Política*: desigualdades e inclusão nos governos do PSDB e do PT. 1. ed. São Paulo: Editora UNESP, 2019.

AVELINO, G.; BIDERMAN, C.; BARONE, L. S. Articulações intrapartidárias e desempenho eleitoral no Brasil. *Dados: Revista de Ciências Sociais*, Rio de Janeiro: Universidade do Estado do Rio de Janeiro, vol. 55, n. 4, 2012, pp. 987–1013.

BAKER, A.; AMES, B.; RENNO, L. R. Social context and campaign volatility in new democracies: networks and neighborhoods in Brazil's 2002 elections. American Journal of Political Science, Wiley Online Library, vol. 50, n. 2, 2006, pp. 382–399.

BAKER, A. et al. The dynamics of partisan identification when party brands change: the case of the Workers Party in Brazil. *The Journal of Politics*, Chicago: The University of Chicago Press Journals, vol. 78, n. 1, 2016, pp. 197-213.

BAPTISTA, S. *Pentecostais e neopentecostais na política brasileira*: um estudo sobre cultura política, Estado e atores coletivos religiosos no Brasil. São Paulo: Annablume; São Bernardo do Campo, Instituto Metodista Izabela Hendrix, 2009.

A RELIGIÃO DISTRAI OS POBRES?

BARBOSA, R. J. *A caridade e o interesse:* a construção da plausibilidade da ideia de gestão no catolicismo brasileiro. Dissertação (Mestrado). Universidade de São Paulo, 2010.

BASSETTO, M.; BENHABIB, J. Redistribution, taxes, and the median voter. *Review of Economic dynamics,* Elsevier, vol. 9, n. 2, 2006, pp. 211–223.

BASSO, M. *O novo conservadorismo brasileiro:* de Reagan a Bolsonaro. São Paulo: Zouk Editora. 2019.

BENABOU, R.; OK, E. A. Social mobility and the demand for redistribution: the poum hypothesis. *The Quarterly Journal of Economics,* Massachusetts: MIT Press, vol. 116, n. 2, 2001, pp. 447–487.

BERAMENDI, P.; REHM, P. Who gives, who gains? Progressivity and preferences. *Comparative Political Studies,* Los Angeles: SAGE Publications, vol. 49, n. 4, 2016, pp. 529–563.

BEZERRA, C. D. P. 2019. Os sentidos da Participação para o Partido dos Trabalhadores (1980-2016). *Revista Brasileira de Ciências Sociais,* São Paulo: Associação Nacional de Pós-Graduação e Pesquisa em Ciências Sociais – ANPOCS, vol. 34, n. 100, 2019, pp. 1-27.

BIRMAN, P. Cultos de possessão e pentecostalismo no Brasil: passagens. Religião e sociedade, Rio de Janeiro: ISER, vol. 17, n. 1-2, 1996, pp. 90–109.

BIRMAN P.; LEHMANN D. Religion and the Media in a Battle for Ideological Hegemony: the Universal Church of the Kingdom of God and TV Globo in Brazil. *Bulletin of Latin American Research,* vol. 18, n. 2, 1999, pp. 145-64.

BOAS, T. C. Pastor Paulo vs. Doctor Carlos: professional titles as voting heuristics in Brazil. *Journal of Politics in Latin America,* Londres: SAGE Publications, vol. 6, n. 2, 2014, pp. 39–72.

BOAS, T.; SMITH, A. E. Religion and the latin american voter. In: *The Latin American Voter.* Ann Arbor: University of Michigan Press, 2015, pp. 99–121.

BOHN, S. R. Evangélicos no Brasil: perfil socioeconômico, afinidades ideológicas e determinantes do comportamento eleitoral. Opinião Pública, vol. 10, n. 2, 2004, pp. 288-338.

BOHN, S. R. Contexto político-eleitoral, minorias religiosas e voto em pleitos presidenciais (2002-2006). *Opinião Pública,* vol. 13, n. 2, 2007, pp. 366-387.

VICTOR ARAÚJO

BORGES, A.; VIDIGAL, R. 2010. Do lulismo ao antipetismo? Polarização, partidarismo e voto nas eleições presidenciais brasileiras. *Opinião Pública*, vol. 24, n. 1, 2018, pp. 53-89.

BRADY, D.; LEICHT, K. T. Party to inequality: right party power and income inequality in affluent western democracies. *Research in Social Stratification and Mobility*, Elsevier, vol. 26, n. 1, 2008, pp. 77–106.

BRAMBOR, T; Clark, W. R; Golder, M. 2006. Understanding interaction models: improving empirical analyses. *Political analysis*, vol. 14, n. 1, 2006, pp. 63-82.

BRUG, W. V.; HOBOLT, S. B.; VREESE, C. H. D. Religion and party choice in Europe. *West European Politics*, Taylor & Francis, vol. 32, n. 6, 2009, pp. 1266–1283.

BURITY, J. A.; MACHADO, M. D. C. *Os votos de Deus:* evangélicos, política e eleições no Brasil. Recife: Fundação Joaquim Nabuco, Editora Massangana, 2005.

BURITY, J. A. Minoritization and pluralization: what is the "people" that Pentecostal politicization is building?. *Latin American Perspectives*, vol. 43, n. 3, 2016, pp. 116-132.

CAMARGO, C. P. F.; SOUZA, B. M. de. *Católicos, protestantes, espíritas.* Editora Vozes, 1973.

CAMPBELL, A. et al. *The American voter*. Chicago and London: The University of Chicago Press, 1980.

CAMPOS, L. S. As origens norte-americanas do pentecostalismo brasileiro: observações sobre uma relação ainda pouco avaliada. *Revista USP*, n. 67, 2005, pp. 100–115.

CAMPOS, L. S. Os mapas, atores e números da diversidade religiosa cristã brasileira: católicos e evangélicos entre 1940 e 2007. *Revista de Estudos da Religião*, 2008, pp. 9–47.

CANÊDO-PINHEIRO, M. Bolsa Família ou desempenho da economia? Determinantes da reeleição de Lula em 2006. *Economia Aplicada*, vol. 19, n. 1, 2015, pp. 31-61.

COUTINHO, R. Z.; GOLGHER, A. B. The changing landscape of religious affiliation in Brazil between 1980 and 2010: age, period, and cohort perspectives. *Revista Brasileira de Estudos de População*, SciELO Brasil, vol. 31, n. 1, 2014, pp. 73–98.

COUTO, C. G. 2014: novas eleições críticas?. *Em Debate*, vol. 6, n. 6, 2014, pp. 17-24.

CRUCES, G.; PEREZ-TRUGLIA, R.; TETAZ, M. Biased perceptions of income distribution and preferences for redistribution: evidence from a survey experiment. *Journal of Public Economics*, Elsevier, vol. 98, 2013, pp. 100–112.

CUNHA, C. V.; LOPES, P. V. L.; LUI, J. Religião e política: medos sociais, extremismo religioso e as eleições 2014. Rio de Janeiro: Fundação Heinrich Böll, Instituto de Estudos da Religião, 2017.

CUNHA, C. V. Pentecostal cultures in urban peripheries: a socio--anthropological analysis of pentecostalism in arts, grammars, crime and morality. *Vibrant: Virtual Brazilian Anthropology*, São Paulo: SciELO Brasil, vol. 15, n. 1, 2018.

DAVIS, S.; STRAUBHAAR, J. Producing Antipetismo: media activism and the rise of the radical, nationalist right in contemporary Brazil. *International Communication Gazette*, vol. 82, n. 1, 2020, pp. 82-100.

DE BRAUW, A. et al. Bolsa Família and household labor supply. *Economic Development and Cultural Change*, vol. 63, n.3, 2015, pp. 423-457.

DE MELO, Pedro O. S. Vaz. How many political parties should brazil have? A data-driven method to assess and reduce fragmentation in multi-party political systems. *PloS one*, vol. 10, n. 10, 2015, pp. 1-24.

DELAO, A. L.; RODDEN, J. A. Does religion distract the poor? Income and issue voting around the world. *Comparative Political Studies*, Los Angeles: Sage Publications, vol. 41, n. 4-5, 2008, pp. 437–476.

DELGADO, L. A. N.; PASSOS, M. Catolicismo: direitos sociais e direitos humanos (1960-1970). In: *O tempo da ditadura – regime militar e movimentos sociais em fins do século XX*. Rio de Janeiro: Civilização Brasileira. 2007. p. 95-131.

ESPING-ANDERSEN, G. *Politics against markets:* the social democratic road to power. Princeton University Press. vol. 4877, 2017.

FAJARDO, M. P. Pentecostalismo, urbanização e periferia: perspectivas teóricas. *PARALELLUS Revista de Estudos de Religião*. Campinas: UNICAMP, vol. 2, n. 4, 2011, pp. 181–192.

FERREIRA, M. G. M.; FUKS, M. O hábito de frequentar cultos como mecanismo de mobilização eleitoral: o voto evangélico em Bolsonaro em 2018. *Revista Brasileira de Ciência Política*, n. 34, 2021, pp. 1-27.

FONSECA, A. B. C. *Secularização, pluralismo religioso e democracia no Brasil:* um estudo sobre a participação dos principais atores evangélicos na política (1998-2001). Tese (Doutorado) — Universidade de São Paulo, 2002.

FRESTON, P. Brother votes for brother: the new politics of protestantism in Brazil. In Garrard-Burnett, V; Stoll, D (ed.), Rethinking Protestantism in Latin America, Philadelphia: Temple University Press, 1993, pp. 66-110.

FRESTON, P. *Breve história do pentecostalismo brasileiro.* 1994. Pp. 67–159 p.

FRESTON, P. *Evangelicals and Politics in Asia, Africa and Latin America.* Cambridge University Press, 2004.

FRESTON, P. Religião e política, sim igreja e estado, não: os evangélicos e a participação política. Ultimato, 2006.

FRESTON, P. *Evangelical christianity and democracy in Latin America.* Oxford University Press, 2008.

FRESTON, P. As duas transições futuras: católicos, protestantes e sociedade na América Latina. *Ciencias Sociales y Religión/Ciências Sociais e Religião*, vol. 12, n. 12, 2010, pp. 13–30.

GARRET, K. N.; BANKERT, A. The moral roots of partisan division: How moral conviction heightens affective polarization. *British Journal of Political Science*, vol. 50, n. 2, 2018, pp. 1-20.

GEORGE, T. *Teologia dos reformadores.* Vida Nova, 1993.

GETIS, A.; ORD, J. K. The analysis of spatial association by use of distance statistics. In: *Perspectives on Spatial Data Analysis.* Springer, 2010. pp. 127–145.

GILL, A. Religion and comparative politics. *Annual Review of Political Science*, Annual Reviews, vol. 4, n. 1, 2001, pp. 117–138.

GIMPELSON, V.; TREISMAN, D. Misperceiving inequality. *Economics & Politics*, Wiley Online Library, vol. 30, n. 1, 2018, pp. 27–54.

GREEN, D. P.; PALMQUIST, B.; SCHICKLER, E. *Partisan hearts and minds:* political parties and the social identities of voters. New Haven: Yale University Press, 2004.

GRUGEL, J.; RIGGIROZZI, P. Post-neoliberalism in Latin America: rebuilding and reclaiming the state after crisis. *Development and change*, Wiley Online Library, vol. 43, n. 1, 2012, pp. 1–21.

GRZYMALA-BUSSE, A. Why comparative politics should take religion (more) seriously. *Annual Review of Political Science*, Annual Reviews, vol. 15, 2012, pp. 421–442, 2012.

HAGOPIAN, F.; MAINWARING, S. P. (Ed.). *The third wave of democratization in Latin America:* advances and setbacks. New York: Cambridge University Press, 2005.

HAUSER, O. P.; NORTON, M. I. (Mis) perceptions of inequality. *Current Opinion in Psychology*, Elsevier, vol. 18, 2017, pp. 21–25.

HIDALGO, F. D.; NICHTER, S. Voter buying: shaping the electorate through clientelism. *American Journal of Political Science*, Wiley Online Library, vol. 60, n. 2, 2016, pp. 436–455.

HOLLAND, A. C.; PALMER-RUBIN, B. Beyond the machine: clientelist brokers and interest organizations in latin america. Comparative Political Studies, Los Angeles: SAGE Publications, vol. 48, n. 9, 2015, pp. 1186–1223.

HOLLAND, A. C. Diminished expectations: Redistributive preferences in truncated welfare states. *World Politics*, Cambridge University Press, vol. 70, n. 4, 2018, pp. 555–594.

HOY, C.; MAGER, F. Why Are Relatively Poor People Not More Supportive of Redistribution? Evidence from a Randomized Survey Experiment across Ten Countries. *American Economic Journal: Economic Policy*, vol. 13, n. 4, 2021, pp. 299-328.

HUBER, E.; RAGIN, C.; STEPHENS, J. D. Social democracy, christian democracy, constitutional structure, and the welfare state. *American Journal of Sociology*, University of Chicago Press, vol. 99, n. 3, 1993, pp. 711–749.

HUBER, J. D.; STANIG, P. Church-state separation and redistribution. Journal of Public Economics, Elsevier, vol. 95, n. 7-8, 2011, pp. 828–836.

HUBER, J. D. *Exclusion by elections:* inequality, ethnic identity, and democracy. Cambridge University Press, 2017.

HUDDY, L.; SEARS, D. O.; LEVY, J. S. (Ed.). *The Oxford handbook of political psychology.* Oxford: Oxford University Press, 2013.

HUNTER, W.; POWER, T. J. Rewarding Lula: executive power, social policy, and the Brazilian elections of 2006. *Latin American Politics and Society*, vol. 49, n. 1, 2007, pp. 1-30.

IZUMI, M. Y. Ideologia, sofisticação política e voto no Brasil. *Opinião Pública*, São Paulo: SciELO Brasil, vol. 25, n. 1, 2019, pp. 29–62.

JACOB, C. R.; HEES, D. R.; WANIEZ, P. *Religião e território no Brasil:* 1991/2010. Rio de Janeiro: PUC-Rio, 2013.

JORDAN, J. Religious belief, religious denomination, and preferences for redistribution: a comparison across 13 countries. *West European Politics*, Taylor & Francis, vol. 37, n. 1, 2014, pp. 19–41.

KEEFER, P. Clientelism, credibility, and the policy choices of young democracies. *American Journal of Political Science*, Wiley Online Library, vol. 51, n. 4, 2007, pp. 804–821.

LACERDA, F. Assessing the strength of pentecostal churches' electoral support: evidence from Brazil. *Journal of Politics in Latin America*, Londres: SAGE Publications, vol. 10, n. 2, 2018, pp. 3–40.

LACERDA, F; BRASILIENSE, J. M. Brasil: la incursión de los pentecostales en el poder legislativo brasileño. In Guadalupe, JLP; Grundberger, S: *Evangélicos y Poder en América Latina*. Berlim: Konrad Adenauer Stiftung, 2018, pp. 141-180.

LAVALLE, A. G.; CASTELLO, G. As benesses desse mundo: associativismo religioso e inclusão socioeconômica. *Novos Estudos*, vol. 68, 2004, pp. 73–93.

LAYTON, M. L; SMITH, A. E; MOSELEY, M. W; COHEN, M. J. Demographic polarization and the rise of the far right: Brazil's 2018 presidential election. *Research & Politics*, vol. 8, n. 1, 2021.

LEHMANN D. Struggle for the Spirit: Religious Transformation and Popular Culture in Brazil and Latin America, Oxford, Polity Press, 1996

LEVINE, D. H. *Churches and politics in Latin America*. Londres: SAGE publications, 1980.

LEY, S. To vote or not to vote: how criminal violence shapes electoral participation. *Journal of Conflict Resolution*, Los Angeles: SAGE Publications, vol. 62, n. 9, 2018, pp. 1963–1990.

LICIO, E. C.; RENNÓ, L. R.; CASTRO, H. C. O. Bolsa Família e voto na eleição presidencial de 2006: em busca do elo perdido. *Opinião Pública*, vol. 15, n. 1, 2009, pp. 31-54.

LIMONGI, F. Fazendo eleitores e eleições: mobilização política e democracia no Brasil pós-Estado Novo. *Dados-Revista de Ciências Sociais*, Universidade do Estado do Rio de Janeiro, vol. 58, n. 2, 2015, pp. 371-400.

LIMONGI, F.; GUARNIERI, F. Competição partidária e voto nas eleições presidenciais no Brasil. *Opinião Pública*, vol. 21, n. 1, 2015, pp. 60-86.

A RELIGIÃO DISTRAI OS POBRES?

LUPU, N.; RIEDL, R. B.. Political parties and uncertainty in developing democracies. *Comparative Political Studies*, vol. 46, n. 11, 2013, pp. 1339-1365.

LUSTIG, N. C. *Coping with austerity:* poverty and inequality in Latin America. New York: Brookings Institution Press, 2010.

MACHADO, M. *Política e religião:* a participação dos evangélicos nas eleições. São Paulo: FGV Editora, 2006.

MACHADO, M.; BURITY, J. A ascensão política dos pentecostais no Brasil na avaliação de líderes religiosos. *Dados*, vol. 57, n. 3, 2014, pp. 601-631.

MACHADO, M. Religion and moral conservatism in brazilian politics. *Religion and Politics, Center for the Study of Religion and Religious Tolerance*, v. 12, n. 1, p. 55-74, 2018.

MARIANO, R.; PIERUCCI, A. F. O envolvimento dos pentecostais na eleição de Collor. Novos Estudos, n. 34, 1992, pp. 92-106. Disponível em: <http://bibliotecadigital.tse.jus.br/xmlui/bitstream/handle/bdtse/5134/1992_mariano_envolvimento_pentecostais_eleicao.pdf?sequence=1>. Acesso em: 20 mai. 2020.

MARIANO R. *Neopentecostais:* sociologia do novo pentecostalismo no Brasil. Edições Loyola; 1999.

MARIANO, R. Crescimento pentecostal no Brasil: fatores internos. *Revista de Estudos da Religião*, vol. 4, 2008.

MARIANO, R. Laicidade à brasileira: católicos, pentecostais e laicos em disputa na esfera pública. *Civitas-Revista de Ciências Sociais*, vol. 11, n. 2, 2011, pp. 238-258.

MARQUES, E. *Redes sociais, segregação e pobreza.* Editora Unesp, 2010.

MATOS, A. S. de. O movimento pentecostal: Reflexões a propósito do seu primeiro centenário. Fides Reformata, 2006.

MATOS, A. S. Breve história do protestantismo no Brasil. Vox Faifae: *Revista de Teologia da Faculdade FASSEB*, vol. 3, n. 1, 2011.

MCCARTY, N.; POOLE, K. T.; ROSENTHAL, H. *Polarized America:* the dance of ideology and unequal riches. Boston: MIT Press, 2016.

MEDEIROS, M.; SOUZA, P. H. G. F.; CASTRO, Fabio Ávila de. A estabilidade da desigualdade de renda no Brasil, 2006 a 2012: estimativa com dados do imposto de renda e pesquisas domiciliares. *Ciência & Saúde Coletiva*, vol. 20, n. 4, 2015, pp. 971-986.

MELO, C. R, C MARA, R. Estrutura da competição pela presidência e consolidação do sistema partidário no Brasil. *Dados*, vol. 55, n. 1, 2012, pp. 71-117.

MELTZER, A. H.; RICHARD, S. F. A rational theory of the size of government. *Journal of Political Economy*, The University of Chicago Press, vol. 89, n. 5, 1981, pp. 914–927.

MINKENBERG, M. Party politics, religion and elections in western democracies. *Comparative European Politics*, Springer, vol. 8, n. 4, 2010, pp. 385–414.

MORGAN, G. S.; SKITKA, L. J.; WISNESKI, D. C. Moral and religious convictions and intentions to vote in the 2008 presidential election. *Analyses of Social Issues and Public Policy*, vol. 10, n. 1. 2010, pp. 307-320.

NETTO, G. F.; SPECK, B. W. O dinheiro importa menos para os candidatos evangélicos? *Opinião Pública*, vol. 23, n. 3, 2017, pp. 809–836.

NICHTER, S. Vote buying or turnout buying? machine politics and the secret ballot. *American Political Science Review*, Cambridge University Press, vol. 102, n. 1, 2008, pp. 19–31.

NOVAES, L. M. Disloyal brokers and weak parties. *American Journal of Political Science*, Wiley Online Library, vol. 62, n. 1, 2018, pp. 84–98.

O'DONNELL, G. A. Horizontal accountability in new democracies. *Journal of Democracy*, Johns Hopkins University Press, vol. 9, n. 3, 1998, pp. 112–126.

ORO, A. P.; MARIANO, R. Eleições 2010: religião e política no Rio Grande do Sul e no Brasil. *Debates do NER*. Porto Alegre. Vol. 11, n. 18, 2010, pp. 11-38.

PACHECO, R. 2020. Quem são os evangélicos calvinistas que avançam silenciosamente no governo Bolsonaro?. *The Intercept Brasil*. 4 fev. 2020. Disponível em: <https://theintercept.com/2020/02/04/evangelicos-calvinistas-bolsonaro/>. Acesso em: 14 fev. 2022.

PAIVA, D.; KRAUSE, S.; LAMEIRÃO, A. P. O eleitor antipetista: partidarismo e avaliação retrospectiva. *Opinião Pública*, vol. 22, n. 3, 2016, pp. 638-674.

PEIXOTO, V.; RENNÓ, L. Mobilidade social ascendente e voto: as eleições presidenciais de 2010 no Brasil. *Opinião Pública*, vol. 17, n. 2, 2011, pp. 304-332.

PIERUCCI, A. F; PRANDI, R. Religiões e voto: a eleição presidencial de 1994. Opinião Pública, vol. 3, n. 1, 1995, pp. 32-63.

A RELIGIÃO DISTRAI OS POBRES?

PIERUCCI, A. F. "Bye bye, Brasil": o declínio das religiões tradicionais no censo 2000. *Estudos avançados*, SciELO Brasil, vol. 18, n. 52, 2004, pp. 17-28.

PIERUCCI, A. F. Eleição 2010: desmoralização eleitoral do moralismo religioso. *Novos estudos CEBRAP,* SciELO Brasil, n. 89, 2011, pp. 6-15.

PIKETTY, T. Social mobility and redistributive politics. *The Quarterly Journal of Economics*, MIT Press, vol. 110, n. 3, 1995, pp. 551-584.

PINHEIRO-MACHADO, R. et al. *Brasil em Transe: bolsonarismo, nova direita e desdemocratização*. Rio de Janeiro: Oficina Raquel, 2019.

PRANDI, R.; SANTOS, R. W.; BONATO, M. Igrejas evangélicas como máquinas eleitorais no Brasil. *Revista USP*, n. 120, 2019, pp. 43-60.

PRZEWORSKI, A.; STOKES, S. C.; MANIN, B. *Democracy, accountability, and representation*. Cambridge University Press, 1999.

RASELLA, D. et al. 2013. Effect of a conditional cash transfer programme on childhood mortality: a nationwide analysis of Brazilian municipalities. *The Lancet*, vol. 382, n. 9886, 2013, pp. 57-64.

RAYMOND, C. The continued salience of religious voting in the United States, Germany, and Great Britain. *Electoral Studies*, Elsevier, vol. 30, n. 1, 2011, p. 125-135.

RIBEIRO, E.; CARREIRÃO, Y.; BORBA, J. Sentimentos partidários e antipetismo: condicionantes e covariantes. *Opinião Pública*, vol. 22, n. 3, 2016, pp. 603-637.

RIVERA, P. B. *Festa, corpo e culto no pentecostalismo:* notas para uma antropologia do corpo no protestantismo latino-americano. Numen, v. 8, n. 2, 2005.

ROCHA, C. *Menos Marx, mais Mises:* o liberalismo e a nova direita no Brasil. Todavia, 2021.

RODRIGUES, F. A. *Lava Jato:* aprendizado institucional e ação estratégica na Justiça. São Paulo: WMF Martins Fontes, 2020.

RODRIGUES-SILVEIRA, R.; CERVI, E. Evangélicos e voto legislativo: diversidade confessional e voto em deputados da bancada evangélica no Brasil. *Latin American Research Review*, LASA research of commons, vol. 53, n. 3, 2019, pp. 560-573.

ROSAS, N. "Dominação" evangélica no Brasil: o caso do grupo musical Diante do Trono. *Revista Semestral do Departamento e do Programa de Pós-Graduação em Sociologia da UFSCar*, vol. 5, n. 1, 2015, pp. 235.

VICTOR ARAÚJO

SAMUELS, D. J.; ZUCCO, C. *Partisans, antipartisans, and nonpartisans:* voting behavior in Brazil. Cambridge: Cambridge University Press, 2018.

SCHEVE, K.; STASAVAGE, D. Religion and preferences for social insurance. *Quarterly Journal of Political Science*, Now Publishers, Inc., vol. 1, n. 3, 2006, pp. 255–286.

SKITKA, L. J.; BAUMAN, C. W. Moral conviction and political engagement. Political Psychology, vol. 29, n. 1, 2008, pp. 29-54.

SKITKA, L. J. et al. Moral and religious convictions: are they the same or different things?. *PloS one*, vol. 13, n. 6, 2018.

SMITH, A. E. *Religion and Brazilian democracy:* Mobilizing the people of God. Cambridge: Cambridge University Press, 2019.

SOARES, G. A. D; TERRON, S. L. 2008. Dois Lulas: a geografia eleitoral da reeleição (explorando conceitos, métodos e técnicas de análise geoespacial). Opinião Pública, vol. 14, n. 2, 2008, pp. 269-301.

SOARES, F. V; RIBAS, R. P; OSÓRIO, R. G. Evaluating the impact of Brazil's Bolsa Familia: cash transfer programs in comparative perspective. *Latin American Research Review*, vol. 45, n. 2, 2010, pp. 173-190.

SOUZA, E. C. B.; MAGALHÃES, M. D. B. Os pentecostais: entre a fé e a política. Revista Brasileira de História, SciELO Brasil, vol. 22, n. 43, 2002, pp. 85–105.

SOUZA, A. Meandros da força política evangélica no brasil. *Revista cultura y religión*, Universidad de Arturo Prat, vol. 7, n. 2, 2013, pp. 117.

SOUZA, J. *A classe média no espelho: sua história, seus sonhos e ilusões, sua realidade.* Rio de Janeiro: Editora Estação Brasil, 2018.

SPECK, B. W.; BRAGA, M. S. S.; COSTA, V. Estudo exploratório sobre filiação e identificação partidária no Brasil. Revista de Sociologia e Política, vol. 23, n. 56, 2015, 125-148.

SPECK, B. W.; BALBACHEVSKY, E. Identificação partidária e voto. As diferenças entre petistas e peessedebistas. *Opinião Pública*, vol. 22, n. 3, 2016, pp. 569-602.

SPERBER, E.; HERN, E. Pentecostal identity and citizen engagement in Sub-saharan Africa: New evidence from Zambia. *Politics and Religion*, Cambridge University Press, vol. 11, n. 4, 2018, pp. 830–862.

SPYER, J. *O povo de Deus: quem são os evangélicos e por que eles importam.* Geração Editorial, 2020.

STARK, R.; FINKE, R. Acts of faith: *Explaining the human side of religion*. Univ of California Press, 2000.

STEGMUELLER, D. Religion and redistributive voting in Western Europe. *The Journal of Politics*, Cambridge University Press New York, USA, vol. 75, n. 4, 2013, pp. 1064-1076, 2013.

STOKES, S. C. Perverse accountability: A formal model of machine politics with evidence from Argentina. *American Political Science Review*, Cambridge University Press, vol. 99, n. 3, 2005, pp. 315-325.

TADVALD, M. T. A reinvenção do conservadorismo: os evangélicos e as eleições federais de 2014. *Debates do NER*, vol. 1, n. 27, 2015, pp. 259-288.

TAYLOR-ROBINSON, M. M. *Do the poor count?*: democratic institutions and accountability in a context of poverty. Penn State Press, 2010.

TELLES, H. A Direita Vai às Ruas: o antipetismo, a corrupção e democracia nos protestos antigoverno. *Ponto-e-Vírgula: Revista de Ciências Sociais*, vol. 19, n. 2, 2016, pp. 97-125.

TRELLES, A.; CARRERAS, M. Bullets and votes: Violence and electoral participation in Mexico. *Journal of Politics in Latin America*, SAGE Publications Sage UK: London, England, vol. 4, n. 2, 2012, pp. 89-123.

VALLE, V. S. M. *Religião, lulismo e voto*: a atuação política de uma Assembleia de Deus e seus fiéis em São Paulo-2014-2016. Tese (Doutorado) — Universidade de São Paulo, 2018.

VALLE, V. S. M. *Entre a religião e o Lulismo*: um estudo com pentecostais em São Paulo. São Paulo: Recriar, 2019.

VEIGA, L. F; DUTT-ROSS, S; MARTINS, F. B. Os efeitos da economia e da Operação Lava-Jato na popularidade da Presidente Dilma Rousseff no período pré-impedimento. *Revista de Sociologia e Política*, vol. 27, n. 2, 2019, pp. 1-21.

VISCONTI, G. Policy preferences after crime victimization: Panel and survey evidence from Latin America. *British Journal of Political Science*, Cambridge University Press, 2019, pp. 1-15.

WALD, K. D.; SILVERMAN, A. L.; FRIDY, K. S. Making sense of religion in political life. *Annual Review of Political Science*, vol. 8, 2005, pp. 121-143.

WEYLAND, K.; MADRID, R. L.; HUNTER, W. *Leftist governments in Latin America*: successes and shortcomings. Cambridge University Press, 2010.

ZIC, D. The political impact of displacement: Wartime idps, religiosity, and post-war politics in bosnia. *Politics and Religion*, Cambridge University Press, vol. 10, n. 4, 2017, pp. 862–886.

ZUCCO JR., C. The impacts of conditional cash transfers in four presidential elections (2002–2014). *Brazilian Political Science Review*, vol. 9, n. 1, 2015, pp